互联网视域下高校
图书馆知识生态系统服务模式研究

王 葳 著

吉林出版集团股份有限公司 | 全国百佳图书出版单位

版权所有　侵权必究

图书在版编目（CIP）数据

互联网视域下高校图书馆知识生态系统服务模式研究 / 王葳著 . -- 长春：吉林出版集团股份有限公司，2022.1（2023.6重印）

ISBN 978-7-5731-1155-5

Ⅰ.①互… Ⅱ.①王… Ⅲ.①院校图书馆—图书馆服务—研究 Ⅳ.① G258.6

中国版本图书馆 CIP 数据核字 (2022) 第 000955 号

HULIANWANG SHIYU XIA GAOXIAO TUSHUGUAN ZHISHI SHENGTAI XITONG FUWU MOSHI YANJIU
互 联 网 视 域 下 高 校 图 书 馆 知 识 生 态 系 统 服 务 模 式 研 究

著　　者：	王　葳
出版策划：	崔文辉
责任编辑：	王　媛
出　　版：	吉林出版集团股份有限公司
	（长春市福祉大路5788号，邮政编码：130118）
发　　行：	吉林出版集团译文图书经营有限公司
	（http：//shop34896900.taobao.com）
电　　话：	总编办 0431-81629909　营销部 0431-81629880 / 81629900
印　　刷：	三河市金兆印刷装订有限公司
开　　本：	787mm×1092mm　1/16
印　　张：	11.5
字　　数：	220千字
版　　次：	2022年1月第1版
印　　次：	2023年6月第2次印刷
书　　号：	ISBN 978-7-5731-1155-5
定　　价：	38.00元

印装错误请与承印厂联系　电话：15901289808

目 录

第一章 图书馆服务工作的新要求 ……………………………………… 1

  第一节 图书馆文化与价值 ………………………………………… 1

  第二节 图书创新服务的提出 ……………………………………… 16

第二章 当代高校图书馆管理创新 …………………………………… 21

  第一节 高校图书馆创新管理模式的思考 ………………………… 21

  第二节 信息时代高校图书馆管理模式的创新 …………………… 31

  第三节 "互联网+"背景下高校图书馆管理创新 ………………… 38

  第四节 新型人才培养模式下的高校图书馆管理创新 …………… 45

  第五节 新时代高校图书馆服务管理创新 ………………………… 52

第三章 高校图书馆读者服务的理论基础 …………………………… 62

  第一节 图书馆服务理论 …………………………………………… 62

  第二节 图书馆标准化理论 ………………………………………… 72

  第三节 高校图书馆服务标准的理论框架 ………………………… 75

第四章　互联网视域下大数据对高校图书馆的影响 …………………… 80

第五章　互联网视域下高校图书数字化服务平台的建设与管理 ……… 89

 第一节　信息服务建设内容与结构 ………………………………… 89

 第二节　数字化服务平台内容及规划 ……………………………… 99

 第三节　面向企业的个性化信息服务平台构建 …………………… 105

 第四节　数字化服务平台使用的关键技术 ………………………… 115

第六章　互联网视域下高校图书馆服务内容创新 ……………………… 127

 第一节　互联网视域下高校图书馆资源共享服务 ………………… 127

 第二节　互展网视域下高校图书馆检索服务 ……………………… 137

 第三节　互联网视域下高校图书馆个性化信息服务 ……………… 145

 第四节　互联网视域下高校图书馆嵌入式服务 …………………… 155

 第五节　互联网视域下高校图书馆知识服务 ……………………… 161

 第六节　互联网脊景下高校图书馆阅读推广 ……………………… 168

参考文献 …………………………………………………………………… 176

第一章 图书馆服务工作的新要求

第一节 图书馆文化与价值

一、图书馆文化与功能

图书馆是提供人们学习文化的场所，但是图书馆的管理本身就是一种文化。图书馆文化是指人们关于对图书馆活动的认识、观念、规范及与之适应的工作方式、执政理念和社会评价等。其具体含义是工作人员的图书馆观念、意识、价值、评价等。文化决定观念，观念决定心态，心态决定行为，行为决定习惯，习惯决定未来。这就说明，文化对于人的行为具有永久性的影响，短期的号召或专项突击式行动，远抵不过文化教育的内在驱动。建立良好的图书馆文化事关图书馆发展进程、全体图书馆管理人员的根本利益。从理论上分析，图书馆文化是图书馆建设的深层次要素，是一种潜在的无形的力量，是一种道德的软约束。因此，推广良好的办馆理念，培养良好的图书馆文化是非常有益，且十分必要的。

公共图书馆是人们的终身学校，是一个城市文明程度的直接标志。作为重要的文化基础设施，它担负着向广大群众传播科学文化知识的重要使命。如果说，从提高生产力的角度看，公共图书馆是推动经济发展的加速器，那么从社会稳定的角度看，公共图书馆则是舒缓各种矛盾情绪的减压阀。公共图书馆作为公共设施，它的各项免费服务，实质上是以整个社会的名义体现同情、善意和关怀。作为公共图书馆一个分支的社区图书馆，是通过文献信息的选择、组织和传递来为一定地域内的所有居民服务。它具有区域性、全民性、系统性和多样性等特征，是普及科学文化知识和提高全民素质最有效的途径之一。现代化的社会是不断变化的，尤其是21世纪的图书馆，为适应时代变化，必须努力提升办馆实力，从而提高整体服务水平。考察一个图书馆的办馆实力，除了图书馆的设施、图书馆管理人员力量等，还有一种容易被人们忽略的隐性实力。这种隐性实力就是指适应时代的办馆理念、服务读者方面的具体价值取向及独具特色的专业建设指向等。这两方面的实力结合在一起，才能体现图书馆的整体水平。而所谓的隐性实力，在某种意义上指的就是图书馆文化建设的水平。

图书馆文化是包括图书馆建设实施环境、馆内文化活动及馆内隐性服务读者方面的文化。这种文化是在社会大文化背景取向下，全体图书馆管理人员在馆长带领下，经过长期服务实践所形成的服务取向的共同认可、共同追求的心理特征，富有进取性的精神风貌及独具特色的服务风格。它既具有对传统文化的继承，又具有符合时代精神的特色。图书馆文化是指图书馆的整体布局设计，独具匠心的场馆建设、建设的装修风格等各个方面。图书馆文化同时还包括了对图书馆服务本质的认知，对图书馆功能的思考，对图书馆社会责任的理解。图书馆内的人际氛围，领导和员工的互动，昂扬奋进的精神面貌，时代特征的充分体现，团结友善的亲和关系，民主平等的愉悦气氛，馆内各种运作中产生的心灵上的默契等，这些因素一起构成了完整的图书馆文化。

图书馆文化亦指图书馆在馆长的带领下，馆内领导、员工在长期服务中培养而形成的共同的价值取向、共同的精神追求、共同的探索指向等，它影响到馆内管理、服务的风格、政策目标的制定及运行的模式等各个方面。它是图书馆发展的精神上的内在驱动力，它反映一个图书馆办馆品位的高低。图书馆之间的竞争除了硬件设施、馆藏信息及管理人员水平外，更加实质的差距则体现在服务质量上。服务质量包括服务态度和读者所需信息量的多少。

而图书馆最重要的文化内容是图书馆对读者的影响。除了良好的读书环境外，还有馆员与读者之间互动的默契，以及通过这一切反映出图书馆内明显的价值取向和共同的理想目标及追求。实质上这些无形的东西才是图书馆服务读者所需要的最重要的内容。图书馆是一种特殊的行业，其主要目的不仅是吸引读者，更是为前来阅读的读者提供良好的服务。读者是接受图书馆服务的直接对象，我们看重读者是因为读者对提供的服务的满意度，在一定意义上反映了图书馆提供服务质量的高低。从这个角度看，图书馆的首要目标应当是满足读者所需要的良好的服务质量。要强化和提升图书馆隐性功能，就必须注重图书馆文化的培育和建设，围绕图书馆的发展目标，致力于图书馆独特的文化色彩并具有明显价值取向的图书馆文化建设，才能从根本上提高图书馆的服务质量。

（一）图书馆文化的特征

图书馆文化的特性可以概括为以下几个方面：

（1）开放性

图书馆文化的开放性主要表现在：图书馆是一个传播知识、获取知识的平台，而知识是没有贵贱之分的，任何人都享有阅读、获取知识、奋发向上的权利。所以图书馆应该向社会公众开放。

（2）时代性

时代性的特征指的是图书馆是社会中的一部分，社会的发展、时代的进步对图书馆文化具有强烈的制约作用。反过来，图书馆的发展目标、群体意识、价值取向也应该反映出鲜明的时代特征，与时俱进。

（3）继承性

图书馆的馆藏不是一朝一夕就能完成的，而是日积月累形成的，图书馆的精神、理念制度等也不是一蹴而就的，而是在几代人不断继承和发展中形成的。无论是图书馆的物质组成部分还是精神组成部分，都需要继承与发展。

（4）公益性

图书馆文化的公益性主要是针对公共图书馆来说的，公共图书馆的经费主要来自地方财政，这也就决定了公共图书馆的公益性。

（二）图书馆文化的结构

图书馆文化的划分主要有两种，它们分别是：

①根据包含的内容不同，将图书馆文化分为物质文化、精神文化、制度文化和管理文化。图书馆文化的物质文化主要包括馆藏文化、馆舍文化和环境文化。图书馆的精神文化由图书馆哲学、图书馆价值观、图书馆服务文化、图书馆精神、图书馆形象、图书馆风尚等构成。图书馆的制度文化是图书馆在长期的服务管理活动中生成和发展起来的，以提高图书馆服务质量和服务效益为目的。其主要包括行业规范、业务管理制度体系和行政管理制度体系。而图书馆的管理文化就是以人为中心的管理文化。

②根据图书馆文化的特征，将图书馆文化结构划分为图书馆物质文化、图书馆制度文化、图书馆精神文化。

物质文化是以物质为形态的表层文化，是图书馆文化的最表层。它存在于图书馆的环境、建筑、设施、布局、美化等各个表面，是图书馆精神文化的外在表现。它受图书馆制度文化和精神文化的制约，具有从属性、被动性。

制度文化以规章制度作为存在方式，是图书馆文化的中间层，它以图书馆内部先进的组织管理模式以及各种成文或约定俗成的规章制度为表现形式，是图书馆群体应共同遵循的行为准则的总和。

精神文化是在图书馆发展过程中形成的一种意识和文化观念，它是一种以意识为形态的深层文化，主要表现在图书馆工作人员的价值观念、思维方式、思想意识、文化素质和职业道德等多个方面。它是整个图书馆文化的核心部分，既体现了历史精神，又充满了时代气息，这是图书馆文化的精髓，并且维系着图书馆文化发展的命脉。

（三）图书馆文化的功能

图书馆的文化功能主要分为教育功能、组织功能、辐射功能、凝聚功能、激励功能、约束功能，以及融合功能。

（1）教育功能

图书馆在某种意义上与学校的功能一样，都是让人学习的地方。近代图书馆则是将开发智力资源、进行社会教育和传播民族优秀文化作为一项重要的内容，现今图书馆更是成为进行社会教育的大课堂。正如教育家陶行知先生所说："一种生机勃勃、稳定和谐、健康向上的环境氛围，本身就具有广泛的教育功能。"

（2）组织功能

图书馆的组织功能是指经过若干年的历史发展和沉淀，已经成为一个非常完善的机构。它已经能够通过自身所创造的物质、精神财富来稳定和约束职工队伍，并建立和形成了一套完整的规章制度和职业道德规范，对图书馆员工的思想、行为起引导作用，使之与图书馆的目标相符，并使职工不断去追求、实现自己的价值，完善自身的形象。

（3）辐射功能

图书馆的文化，对社会各行各业都有一定的影响。图书馆的辐射功能是指图书馆文化是社会文化系统中的一个子系统，处在各种社会文化环境的巨大磁场下，受到来自各方面的影响，如网络文化环境的影响、大众消费文化的影响，等等。同时，图书馆文化的辐射功能又体现在它接受影响的同时也将自身的影响辐射到整个社会，给周围社会文化产生不可忽视的影响。

（4）凝聚功能

图书馆文化的凝聚功能是指用共同的价值观与共同的信念使

图书馆上下团结一致。一个单位要想在竞争谋求发展，不仅需要物质力量，同样也需要精神力量。图书馆文化就是通过改变人的观念和精神面貌来带动图书馆整体面貌的改变。

（5）激励功能

图书馆文化的激励功能是指激励员工向困难挑战，向自我挑战。优秀的文化模式一旦形成，并形成良性发展，那么在图书馆内部就会形成一个良好的工作氛围。图书馆文化的激励作用就能起到物质所不能起到的作用，使全体人员产生责任感、荣誉感和进取心。

（6）约束功能

图书馆文化的约束功能是指通过制度文化约束图书馆领导及图书馆工作人员的行为，保证每项成文或约定俗成的规章制度被严格执行，从而提高图书馆运行的效率。这种制度文化的约束作用是一种硬性约束，它对图书馆每一个成员的思想、行为起着有力的约束作用。

（7）融合功能

图书馆文化的融合功能指对图书馆内部成员进行潜移默化的引导，使其自然而然地融合于团体之中。

当前是一个网络化的现代化社会。网络化是数字图书馆的基础建设，是图书馆深化服务、实现资源共享、整合资源最重要的基础技术保障。纵观历史发展，每一次技术革命，都对图书馆的发展起到了积极的推动作用。特别是在经济全球化的今天，现代信息技术的飞速发展，也为区域性、地区间、国际的交流与合作创造了十分便利的条件，并共同应对新形势下的各种挑战。

任何一种新技术的发明都为人类创造了一个全新的、更高层次的生存环境。计算机技术、通信技术、网络技术使图书馆的职能、服务方式等发生了重大的变化。图书馆的绝大部分工作都已经基本摆脱了传统手工作业的方式，实现了网络化的计算机管理，读者可以在任何时间、任何地点，使用任何的数字手段检索到所有的知识。然而，虽然信息技术是一个伟大的发明，但它也仅仅是个手段、工具而已，本质上说，并没有从根本上改变图书馆的属性——服务。数字图书馆无论在战略规划、内部机制、人事管理各方面采取什么样的新措施，最终都要落实在服务上，服务是图书馆的天职，没有服务，图书馆就不存在。

新的发展形势和环境无疑给图书馆的传统理念带来了挑战。因此，数字图书馆面临的首要问题就是确立怎样的服务理念。而当今社会，信息产业的飞速发展已打破了图书馆的信息垄断地位和优势，迫使我们站在知识经济的高度和图书馆生存发展的高度，认真思考和研究如何借助当今社会一切现代化手段和先进的技术支持。我们必须摒弃一切旧有的观念，树立全新的服务理念。

（四）图书馆理念

图书馆是为人服务的。所谓图书馆理念，是树立"以人为本"的服务理念。众所周知，图书馆的社会责任就是满足大众的文献信息需求。图书馆馆员只有正确理解自身承担的社会责任，树立起良好的事业理念，才能自觉地履行图书馆馆员的工作职责，全心全意地为读者服务，才能把满足读者文献信息需求作为图书馆一切工作的出发点和归宿。因此，服务理念是对图书馆承担的社会责任、社会功能、服务宗旨和认识水平的体现。换言之，只有具有很好的服务理念的图书馆人，才能热爱图书馆行业，才能自觉地做好读者服务工作。

二、图书馆的价值体现

图书馆是人类学习知识的场所，同时，图书馆也是保存人类文化遗产，搜集、整理、存储、传递和开发信息，并向社会提供使用的科学文化的教育机构和信息服务机构。图书馆的价值主要包括资源价值和社会价值两个方面。

（一）资源价值

从图书馆价值的角度来看，最能够体现图书馆价值的资源主要有信息资源、空间资源和文化资源这三类。

1. 信息资源

从根本上来讲，信息资源是图书馆最重要的资源。图书馆，有图书，才称为图书馆；无图书，则不能称为图书馆。图书馆应该保存一切有文字的纸片，这样的说法虽然有一定的片面性，但是，纸质型文献资料有着不可替代的优越性。虽然电子文献及网络信息资源的存储丰富了图书馆的馆藏形式和内容，但是图书馆的传统藏品中珍藏着许多人类优秀文化典籍。人类不可能将所有的纸质型文献全部转化为数字型文献。图书馆馆藏的文献资料主要是纸质型，这种纸质型文献与电子文献、网络资料相比，具有使用方便的优点，它不需要使用电子音像设备和计算机设备即可阅读。纸质型文献是实现图书馆价值的物质基础。图书馆的未来必须以其自身的永久资源为基础，不能仅以电子数据存储为基础。

2. 空间资源

图书馆的空间资源是图书馆不可或缺的重要资源。虽然数字图书馆的建设已经取得了不凡的成绩，可是，近十年来，我国图书馆的建设比数字图书馆的建设发展得更快，这是特别值得肯定的。但是，我们也必须看到，我国的图书馆数量仍然很少，图书馆的面积仍然严重不足，需要大力建设图书馆，以满足人们的文化需求和精神需求。

3. 文化资源

文化资源是图书馆的重要资源，一个好的图书馆一定是一个有文化的图书馆。这也就要求图书馆馆长要具有科学管理意识，努力提高自己的文化素质。

（二）社会价值

图书馆是为人们学习文化知识所准备的，是社会分工中不可或缺的重要组成部分。图书馆的社会价值，就在于真正实现图书馆藏书的价值，而实现藏书价值的途径就是为读者服务。图书馆的社会价值体现在以下几个方面：

1. 图书馆是一个绝佳的学习场所

图书馆是除学校以外的一个好的学习场所。图书馆拥有的文献信息资源众多，内容涵盖古今中外和各学科门类，载体形式多样，服务手段多样。图书馆有着幽雅的环境，浓厚的学习风气，营造了一种强烈的文化氛围，能给学习者提供良好的学习环境，无论何时何地，图书馆都是人们接受教育的理想殿堂。图书馆以公益性服务为基本原则，以实现和保障公民基本阅读权利为天职，以读者需求为一切工作的出发点。在对外开放不断扩大、信息网络技术迅猛发展的时期，图书馆对先进文化的倡导作用更为重要。它通过对文献信息的搜集、整理、开发、利用来宣传党的方针政策、国家的法律法规和科学知识，发掘、阐述、转化、继承和发扬积极向上的文化成果，牢牢把握先进文化前进的方向，推动先进文化传播。

2. 图书馆是精神文明建设的重要基地

图书馆是从事信息工作的重要领域，一直以文献信息的管理与利用为主，成为文献信息的汇聚与交流中心。图书馆的存在及其职能作用的有效发挥，使人类精神文明的发展有了可靠的保证。正是人们自觉利用和依赖图书馆阅读信息的行为，营造出了良好的社会文化氛围，推动了人类精神文明不断向前发展。

3. 图书馆是一个查询、管理信息的重要部门

图书馆是文献信息资源搜集、加工和管理的重要部门。信息技术和网络技术的飞速发展，拓展了图书馆的信息收藏范围。图书馆的收藏形式日益丰富，由收藏单一的印刷型文献资料，转变为收藏多媒体电子出版物、光盘数据库、网络信息等多种信

息存储形式的完整的信息系统。图书馆还肩负着信息资源建设的重任，一方面要丰富本馆特色资源，把馆藏信息数字化；另一方面还要对网络信息进行有效的规范管理，对有害信息、虚假信息和垃圾信息进行筛选过滤，对读者需求的信息和知识进行分类、归纳整理，并将结果通过网络反馈给读者。

4. 图书馆是为社会服务的一个公益机构

图书馆从其出现并为社会公众服务起，就决定了其社会公益性的属性，它的公益性体现在无偿地为广大读者服务。图书馆向读者提供平等的服务，各级各类图书馆共同构成图书馆体系，保障全体社会成员均等地享有图书馆服务。知识一旦生产出来，几乎无须增加任何成本就可供全人类共享，而且不会因为使用而消耗减少。图书馆虽然不是知识的生产者，但其收藏的知识的特征不变。知识一旦被图书馆所收集、保存，同样几乎无须任何附加费用就可以向所有人提供。

5. 图书馆在服务与管理中体现人文关怀

图书馆致力于消除弱势群体使用图书馆的困难，为全体读者提供人性化、便利化的服务。随着城市经济的快速发展，越来越多的农村务工者拥入城市，该类读者的社会来源构成复杂、个体差异很大，对知识有不同程度的需求。图书馆管理人员指导他们正确地使用图书馆，不但能提高他们的自身素质，而且对于社会的稳定和谐发展起到关键作用。

第二节 图书创新服务的提出

图书馆是人们学习、查阅资料的重要场所，而一个图书馆的文献信息服务水平的高低，直接决定了图书馆的发展空间。文献信息工作属于知识密集、技术含量高、社会效益显著的综合性服务项目，是21世纪图书馆服务工作的重点。随着互联网的迅速普及和信息高速公路建设热潮的兴起，网络更加贴近人们的生活，这种国际社会信息化的大趋势，给文献信息服务工作的开展带来了新的挑战和机遇。作为信息网络的特殊用户，图书馆只有熟悉并掌握各类网络中的信息资源种类、结构、范围、深度等，才能为读者提供优质的智能型服务。

图书馆信息服务主要是文献知识服务，知识在经济发展中的地位，必然引起我们对知识的重视。重视知识投资，重视知识的创造、传播和应用，加快传播和获取知识的速度，就要运用高新技术去传播和获取知识。图书馆文献信息资源是传统的信息服务基础,建立"书目查询"网络信息服务非常重要。联机网上书目查询,替代了图书馆传统的卡片式目录,成为现代教学服务工作的一个组成部分。它不但节省了检索信息的时间,提高了检索效率,而且促进了馆藏文献的利用。对新到的图书、期刊、光盘和数据库等,可进一步在图书馆网页上建立新的通报、最新期刊目次服务、新到光盘和数据库通报等链接,从而及时、有效地提示馆藏,开展形式多样的文献查询服务。文献传递服务主要是解决如何通过图书馆获取自己无法找到的文献资料的问题。

一、电子图书馆的出现让文献信息服务迈上了一个新台阶

电子图书馆是随着电子出版物的出现、网络通信技术的发展而逐渐出现的。电子图书馆,具有存储能力大、速度快、保存时间长、成本低、便于交流等特点。光盘这一海量存储器,能够存储比传统图书高几千倍的信息,比微缩胶卷要多得多,而且包括图像、视频、声音等。利用 Microsoft Visual Fox Pro 技术管理图书馆里的图书,对馆外文献信息资源进行搜索、过滤。通

过最现代化的手段——计算机网络操作技术使馆藏文献走向数字化，使人们能够很快查找到自己所需要的信息资料。

二、"读者至上"的文献信息服务

图书馆不断发展的最终目的是为读者创造最大的利益，确定"读者至上"的图书馆文化，以读者对图书馆的满意程度作为衡量图书馆自身工作的主要标准。因为图书馆坚持处处将读者利益放在主要点来考虑，所以图书馆文献信息服务出现以下新的面貌：

①长时间、全方位地为读者服务。现在很多的图书馆已做到了全年开放，每周开放72小时，大大方便了读者，使图书馆真正成了"读者之家"。

②服务对象更广泛、服务更便捷。扩大服务对象，敞开发证。有些馆已经做到了无证件就室阅览，办借书证也不受任何条件限制，使公共图书馆的大门无条件地向社会公众敞开。

③开放性文献信息服务。现在很多的图书馆馆藏文献实行全方位开架，让读者最大限度地接近馆藏，从而大大提高了读者对文献信息资源的利用率。

④提升图书馆的服务空间。设立馆外图书流通点，全方位、

多角度地拓宽了图书馆的服务空间。

⑤加大对文献资源的开发力度,增强图书馆的信息服务功能。图书馆还开展信息咨询、代查代译、专题剪报、定题服务等业务,图书馆服务工作正在逐步向信息服务的方向深化与发展。通过在服务过程中对文献资源的开发、挖掘、引导使读者从中得到受益。

⑥另辟蹊径的特色服务。在特色服务上另辟蹊径,如深圳图书馆设有馆中之馆的法律图书馆、时装图书馆,北京东城区图书馆设有包装资料馆,上海曲阳图书馆设有影视文献中心,湖北省宜昌图书馆设有柑橘文献中心,郑州科技图书馆设有饮食图书馆,南京金陵图书馆设有广告人文库。这些馆除了做好常规服务工作外,还开展专题文献信息服务,成为他们深化服务内容的一大特色。

⑦与活动相结合,形式多样。现在很多的图书馆倡导阅读,开展丰富多彩、健康向上的读书活动和社会文化活动,如举办各种讲座、读书报告会,开展优秀图书推介,组织多种多样的读书活动,以激发广大群众的读书热情。日益浓厚的学习风气有效地推进了全民阅读型社会的建立。

⑧借助互联网的发展。现代图书馆是离不开互联网的发展

的。网络资源更新的速度很快，且具有迅速、交互的特点，图书馆应以积极的姿态培训用户，将更多的用户带入一个全新的知识天地。

⑨延伸性服务。业务部门开展延伸性信息服务，如通过科技查新、文献检索、翻译服务、培训服务等，为科研和企事业单位提供服务。

第二章　当代高校图书馆管理创新

第一节　高校图书馆创新管理模式的思考

随着社会经济发展，人们对自身的精神文化也愈加重视，图书馆在学生文化生活中所占的位置愈加重要，也是校园教育的重要组成部分。所以，在新的时代，做好图书馆管理创新是非常重要的。

一、图书馆创新的意义

（一）图书馆创新现状

对于公共服务而言，图书馆是非常重要的组成部分，随着社会经济的发展，在新的形势下，图书馆怎样将自身优势发挥出来，进行管理机制的创新是一个非常重要的问题。

随着我国社会经济的迅速发展，我国人民的生活水平得到显著提高，对精神文化及知识的需求逐渐提高，给图书馆的发展带来了诸多契机。但是在科学技术的迅速发展背景下，互联网技术及信息化技术的广泛应用，对图书馆的稳定发展造成了较大冲击，想要保证图书馆的可持续发展，就必须改变以往的图书信管理模式，切实提高图书馆的服务水平，使图书馆能够更好地服务于群众，充分发挥图书馆的功能效用，为图书馆的持续发展奠定良好基础。就目前来看，我国图书馆管理工作中存在管理理念落后、管理机制不够完善及管理人员素质水平较低等情况，很难发挥图书馆馆藏资源的使用价值，且读者的阅读方式也比较单一，整个图书馆服务过程缺乏人性化氛围，极其不利于图书馆的长远发展，必须准确把握图书馆管理的基本要求，结合实际情况对图书馆管理模式进行创新，使图书馆管理水平得到有效提高。

（二）图书馆创新意义所在

创新对于民族和国家的发展都是非常重要的，为了满足图书馆发展的需要，图书馆管理人员也必须提高自身的管理意识，进行改革和创新。首先，对于图书馆而言，创新管理是其改革发展的内在需要。面对新的形势，图书馆想要更好地生存和发展，必须转变管理模式，在工作的过程中不断地探索和创新，对管理机制进行完善，确保其能够和现代社会发展相符。其次，在知识经济时代，管理创新是非常必要的。在新时代人们获取知识的途径更多，并且不一定非要去图书馆才能够获得自己需要的知识，所以，图书馆必须改变以往僵化的管理制度，进行管理理念的创新，从而为群众提供更好的服务，满足人们的需要。

二、目前图书馆管理存在的主要问题

（一）图书馆管理创新意识较差

随着信息技术和社会经济的发展，图书馆本身的信息环境和社会功能也发生了很大的变化，这种情况出现的原因便是在于信息提供者地位被弱化：随着互联网的发展，人们获取信息的速度和途径都在不断地增加，这也给图书馆更好地发展带来了较大的挑战，但是现在很多图书馆管理人员还没有真正地认识到危机的严重性，在工作的时候，创新比较少，这也给图书馆发展造成了较大的影响。

（二）图书馆高素质管理人才比较少

对于图书馆而言，人才是非常重要的，其也是创新的基础。图书馆本身便是知识密集的一个机构，需要各个学科的专业人才合作才能够满足人们的实际需要。但是就现在而言，我国从事图书馆管理的相关专业人才还比较少，并且综合型人才比较少，这也影响了创新的进行。而现在很多图书馆工作人员整体的素质都比较低下，并且知识结构也不够合理，这也给图书馆发展造成了很大的影响。

三、当代图书馆管理的基本要求

（一）图书馆馆藏资源的充分利用

高校图书馆的馆藏资源较为丰富，既包括了现代的社科类图书，也包括了大量的历史档案和珍贵的古籍资源。在传统的图书馆管理过程中，普遍都是以人工模式进行图书登记、图书借阅、图书查询及图书保管，这种管理方式很难保证各类图书资源的有效流通，无法充分发挥图书资源的利用价值。面对这种情况，就必须及时改变传统的图书馆管理模式，不断提高图书馆的信息化程度，通过各种现代化技术对纸质的图书资源进行编码处理，利用计算机网络系统提供在线借阅服务，有效提高图书资源的利用率，使图书资源的查阅时间减少，为读者提供更加快速、便捷的图书服务，为图书馆的长远发展提供有力支持。

（二）读者阅读方式的多样性

在科学技术的迅速发展背景下，电子信息技术被广泛应用到人们的工作和学习中，使人们的阅读习惯出现较大改变。尤其是平板电脑、智能手机等网络终端使人们的阅读形式出现较大变化，脱离了以往固定地点的借阅方式，能够满足各类群体的阅读需求，使读者的借阅形式更加多样化，进一步拓宽了读者的信息渠道。同时，在电子信息技术的应用条件下，读者能够借助网络平台的检索功能直接对某个章节进行下载阅读，这种借阅方式不仅提高了读者的阅读效率，也打破了传统借阅方式的局限性，使读者能够根据自身需求进行选择性的图书借阅，进一步提高了读者的阅读体验。

（三）图书馆服务模式的人性化

就目前来看，高校图书馆的整个服务过程都要以读者为中心，在保证图书馆稳定发展的条件下，尽可能满足读者的不同需求，使图书馆的信息资源得到有效共享。为促进图书馆的可持续发展，图书馆工作人员应准确把握时代发展的要求，充分利用现代化技术对图书馆资源进行数字化转换，不断提高图书资源的检索效率，使读者的借阅效率得到有效提高，为读者提供更加快速、便捷和准确的信息服务。数字化图书馆能够充分满足不同层次、不同年龄读者的阅读需求，解决了以往图书借阅到期归还的限制，使图书馆的借阅服务更加人性化，有效改善了图书馆与读者之间的互动环境。

四、创新图书馆管理的策略

（一）重视图书馆管理理念的创新

图书馆管理的时候，必须转变以往重视收藏轻视使用的观念。图书馆本身不仅仅是书籍收藏的一个地方，图书馆管理人员的工作也不应该仅仅是简单辅助借书和还书，图书馆的发展最终是为了满足人们对信息和知识的需要，为社会进步和科技发展做出贡献。所以，在满足这个宗旨的情况下，可以从服务和技术等方面来管理创新图书馆，从而加强图书馆和社会各个行业之间的联系，从而确保优势互补能够真正实现，这样能够很好地完善学科的知识以及信息方面的储备，从而给读者提供更加优质的服务。

（二）把握正确的创新原则

在图书馆的创新发展中，管理人员要积极结合图书馆的实际需求进行综合考虑，把握正确的创新原则，使图书馆创新管理模式的整体效果得到有效提升。首先，在图书馆管理模式的创新过程中，要把握好实效性原则，结合图书馆管理的具体需求选择可靠的创新手段，以此提高图书馆创新管理模式的整体效果。其次，在图书馆管理模式的创新过程中，要把握好针对性原则，结合图书馆的具体作用进行科学分析，确保图书馆的服务内容符合不同读者的实际需求，使图书馆创新管理模式的整体效果得到有效提高。最后，在进行图书馆管理模式的创新过程中，要把握好全面性原则，既要做好管理模式的创新，也要注重对图书管理的管理模式及管理制度进行有效结合，以此确保图书馆创新管理模式的整体效果。

（三）重视图书馆服务功能的增强

图书馆进行管理的时候需要将读者放在中心位置，在平时开展工作的时候也应该有意识地征求读者的意见，不断地对图书馆管理工作进行完善，创新检索技术和文献信息处理方面的技术，从而更好地满足图书馆网络化、自动化的实际需要，给读者用户提供更好的服务。

(四) 提高管理人员本身的素养

图书馆管理人员的素质对于图书馆的影响是非常大的,所以,必须切实提高图书馆管理人员本身的综合素质。首先,应该扩大管理人员的业务范围,可以模仿网络信息服务的方式转变服务模式,给读者提供更加便捷的信息。其次,需要转变服务理念,重视图书馆服务质量和效率的提高,只有效率和质量提高了才能够给图书馆管理机制改革以及图书馆整体服务水平提高奠定良好的基础。

(五) 管理方式的创新

在信息化时代发展背景下,在校学生对信息资料的需求逐渐趋向于多元化和个性化,整个图书馆管理过程要以读者为中心,尊重不同读者,为读者提供多元化及个性化的信息服务,使图书馆管理水平得到有效提高。在进行图书馆管理工作的时候,管理人员应充分利用先进的信息技术及检索方法,推动图书馆的信息化建设,为读者提供更加便捷、有效的信息服务,使图书馆管理工作更具有实效性。首先,要积极做好对图书馆工作人员的技能培训和思想教育工作,不断强化图书馆工作人员的服务意识,确保图书馆工作人员能够准确把握读者的实际需求，为读者提供更具有特色及个性的信息服务，其次，要积极开拓个性化服务，使图书馆的信息服务更具有针对性，使图书馆的服务方式更加灵活多变，并在此基础上对读者的信息需求进行跟踪和分析，为其提供定向服务，使图书馆的管理效果得到有效提高。

（六）管理内容的创新

在传统的高校图书馆管理过程中，其服务内容具有一定的局限性，无法满足读者的个性需求，需要及时对图书馆的管理内容进行有效创新，使图书馆的功能效用得到充分发挥。首先，要及时对图书馆的线型业务流程进行优化，推动图书馆服务方式的自动化和网络化，使图书馆服务水平得到有效提高。同时，要积极丰富图书馆网络平台的主页内容，结合读者的实际需求构建个性化服务栏目，以便能够及时将图书资源传递给读者，并提供在线预约、定题服务及馆际互借等个性化服务。其次，应积极加强对图书资源的开发及利用，构建具有馆藏特色的数据库，对图书资源进行深层次的加工处理，使图书馆信息服务的质量得到有效提高。最后，应积极完善图书馆管理制度，尤其是图书的借阅方式、借阅时间及借阅期限等，并做好对图书馆工作人员的业绩考核，充分发挥图书馆激励机制的作用，使图书馆工作人员形成较好的工作积极性及主动性，为图书馆管理工作的顺利开展提供有利基础。

（七）组织结构的创新

为确保高校图书馆管理工作的顺利进行，应及时对图书馆的组织结构进行创新，摒弃以往的被动式服务和金字塔管理模式，合理优化图书馆的组织层次，并针对组织结构中的繁杂环节进行简化，不断提高图书馆的决策效率，使其服务水平得到有效提升。同时，应结合图书馆的规模及需求，组建读者读物部、信息服务部等各种基础服务机构，取代以往采编部等组织结构，使图书馆的组织结构逐渐趋向于扁平化，有效提高图书馆的工作效率。此外，应及时完善图书馆的服务体系，合理增加主题目录，充分利用计算机索引技术，完成藏书目录的编制工作，或者单独设置社会学科、专题学科及各类联合书目，便于形成完整的系统索引目录，使读者能够更加便捷地进行图书查阅，有效增强读者的阅读体验，为读者提供更好的信息服务。

随着社会经济的发展，高校图书馆想要跟上时代发展的潮流就必须做好管理创新，相关部门应该根据实际情况和需要认识到图书馆管理创新的重要性，帮助图书馆不断完善自我，提高自身的业务水平和管理水平。图书馆的管理人员也必须转变自身老旧的理念和管理模式，不断提高馆员本身的综合素质，提高人才队伍的素养，从而为图书馆更好的发展奠定良好的基础。

第二节　信息时代高校图书馆管理模式的创新

随着信息技术的快速发展，高校图书馆在硬件设置、人员配置、资源优化和馆藏提升等方面面临着新挑战。基于新挑战，制定新的发展思路，做好管理模式的创新优化就显得尤为必要。从传统管理模式的局限中走出来，在明确信息时代高校图书馆转型新特点的基础上，进行管理思路、管理制度和管理模式的创新分析，才能为高校图书馆的优化提供参考。

一、信息时代高校图书馆的新特征

（一）文献激增，信息获取渠道更多

高校图书馆在信息技术的带动下，能够多渠道获取信息，使

得图书馆馆藏资源更为丰富。在信息技术的辅助下，馆藏信息资源存储模式发生转变，大量的文献可以存储在很小的文献数据库中，图书馆基于信息技术建构起光盘数据管理系统，实现纸质文献资源向电子文献资源的转变，为读者提供了更为丰富与便捷的信息咨询与检索服务。而信息化读取、多渠道信息获取也加快了文献信息和科学知识的传播，读者在获取信息后还可以进行信息资源的检索与整合。对于高校图书馆来说，文献信息资源交流更便捷，信息资源馆藏更丰富，更吸引读者。

（二）载体多元化，信息检索效率更高

传统的高校图书馆文献信息多以纸质文献期刊的形式存储，对应的信息载体较为单一。读者的信息检索也多受时间与空间的限制，信息管理效率低。而在信息时代，高校图书馆馆藏资源载体类型更为丰富，高校师生借助网络信息技术可以轻松检索信息资源，获取文献资料，更容易复制、共享，也节约了资源，有效提高了高校图书馆的检索服务效率。

（三）传播共享，信息资源交流深入

以往高校图书馆纸质文献数量有限，当高校师生要检索相同的文献资料时，存在很大的局限性，不能满足多人同时检索文献资料。信息时代使高校图书馆纸质文献向电子文献转变,电子文献可以轻松复制、多人共享,因此可以满足信息资源多人使用的诉求。而图书馆借助信息共享的桥梁,能够进行信息资源的传播共享,实现优势资源在区域间流动,建立图书馆数据交流联盟,为读者提供更全面的信息服务,从而使高校图书馆信息资源共享程度明显提升。

二、信息时代高校图书馆管理模式创新策略

(一)基于信息时代背景创新图书馆管理理念

传统的图书馆管理是将保存与丰富馆藏资源放在首位,而读者则被放于次要位置,从而使读者的多元化诉求得不到全面关注,不利于发挥图书价值。在信息时代,高校图书馆管理应坚持以人为本,全面关注读者诉求,不断创新管理理念,将为读者服务作为图书馆建设发展的重点,坚持读者至上的原则,做好高校图书馆的精细化管理。安静的阅读环境,优质的服务体验,贴心的人文关怀,能够让读者喜欢阅读,认可高校图书馆的服务工作。因此,高校图书馆应创新图书馆管理思路,关注图书馆的多元化建设,实现功能的延伸与扩展。通过定期的交流互动,探索高校图书馆运行的经验,定期召开读者交流会,倾听读者

的意见，作为图书馆管理改革的主要参考，进行管理上的调整优化。管理者只有接受创新才能真正将创新应用到实际管理工作中，所以管理者要加强学习新观念，摒弃陈旧的图书管理理念，让图书管理与教学结合起来，不断优化高校图书馆管理。

（二）基于信息时代背景坚持信息一体化管理模式

在信息时代，信息技术广泛应用于各行各业，带动高校图书馆信息管理一体化。高校图书馆在建设发展中也面临更高要求，机遇与挑战并存，信息一体化的管理模式是信息时代高校图书馆管理模式创新的一大体现。无论是文献组织结构的变革还是图书馆管理制度的优化，都需要结合信息时代图书馆文献管理的新需求。坚持信息一体化就是将信息技术的新特点融入图书馆的管理工作中，高校图书馆工作人员应具备文献信息创新意识，掌握信息检索服务的相关技能，熟悉图书馆文献资源的筛选、整合与汇总，能为读者提供具有针对性的信息服务。信息一体化管理模式必须与有效的激励举措相结合，对高校图书馆管理者进行相应的约束。高校图书馆管理者应坚持文献体系、人力资源体系和科学技术体系一体化管理，促进信息知识素养与信息能力素质融合。

（三）基于信息时代背景引入自动化的管理模式

信息时代使管理模式趋于自动化，而借助计算机技术可以实现高校图书馆自动化管理体系的建构，自动管理各项事务，顺利完成各项管理任务，为高校师生提供更加智能化的图书馆服务。自动化管理模式可以根据馆藏文献进行电子化处理，让读者及时获取所需的信息，同时还能兼顾不同读者的服务需求，满足不同层次读者的期刊检索需求。因此，在信息时代的大背景下，高校图书馆管理者必须发挥计算机的自动化管理优势，实现期刊文献的自动化高效管理，迅速锁定期刊资料的馆藏位置，迅速定位读者诉求，提供针对性的服务，从而不断提升高校图书馆管理服务的效率。

（四）基于信息时代背景引入共建共享的管理模式

信息时代倡导资源的共建共享，图书馆建设发展离不开馆藏资源的建设，因此在信息时代，高校图书馆必须走共建共享之路。就高校图书馆来说，共享化的管理模式最直接的体现就是构建共享期刊阅览室。在期刊管理中，高校图书馆有必要引入先进的管理方法和网络技术，搭建网络共享服务平台，建构共享期刊阅览室的大框架。共享化的管理模式能够有效提高高校图书馆的信息化建设程度，在具体的管理服务中，发挥信息技术的管理优势，能够供高校师生随时随地获取。不同高校的图书馆可以以共享化的管理模式为桥梁，进行馆藏资源共享，传播不同高校图书馆的特色馆藏资源，为高校师生提供丰富的期刊文献指导。高校图书馆共享化的管理模式也能带动资源共享，不断扩大检索范围，使高校师生享有更多的选择权。高校师生可以将自身的文献信息共享出来，对有学术价值的信息进行传播与共建。同时，高校图书馆要坚持共享化的管理模式，不断提升其管理兼容性与先进性水平。此外，高校图书管理者应当不断增加图书的数量和提高图书的质量，让高校师生读到更多的好书，改变高校师生对图书馆的固有看法。

（五）基于信息时代背景创新图书馆服务模式

高校图书馆的服务对象是高校师生，主要为高校师生提供科研教学支持，而管理模式的创新理应带动服务模式的创新。提高图书馆科学技术水平是现代图书管理发展的必由之路，也是图书管理发展的重点方向，尤其是对云计算技术的应用和图书云平台的开发，更是现代图书管理需要解决的问题。在信息时代，高校图书馆必须突破传统管理模式的局限，提升服务的有效性。

高校教师在文献检索及阅读中，常常需要筛选资料，进行科学、严谨的探讨，深入挖掘学术信息资源，最终才能进行课题的深入探讨与钻研，更好地解决学术疑难问题。而高校学生自主性学习也需要文献信息资源的辅助，因此高校图书馆在信息时代必须做好针对性的研究，多渠道向高校师生推介文献检索知识和相关的检索方法，开设文献检索课程和培训，引导师生掌握文献检索系统的使用方法，实现被动服务向主动服务转变。例如，借助微信、微博等进行文献推送，针对不同读者的诉求进行分模块导读等，实现管理模式的优化带动服务的优化。

在信息时代，高校图书馆管理模式创新具有必要性。图书馆文献信息量激增，信息来源渠道多元化、信息载体多样化和信息共享程度不断提升，在客观上推动了高校图书馆管理模式的创新。创新管理理念，通过引入信息一体化管理模式和实施共享管理模式，能够不断优化高校图书馆服务，实现高校图书馆管理创新的新突破。

第三节 "互联网+"背景下高校图书馆管理创新

随着信息技术的全面深入发展，各种新媒体阅读方式层出不穷，如数字图书馆、微博、微信、电子图书、手机WAP图书馆等，高校图书馆在管理创新的过程中，应该紧跟时代潮流，不断提升自身的服务水平，结合大学生阅读习惯的发展和演变，不断实现图书馆管理服务模式的创新。在"互联网+"时代背景下，大学生与网络之间的交互关系越发紧密。高校图书馆应该全面优化信息技术条件，不断更新软硬件，有效提升馆员的信息素养，全面推动高校图书馆的管理创新。

一、"互联网+"时代高校图书馆管理创新的必要性

在"互联网+"时代，高校图书馆管理创新具有非常关键的意义，全面推动管理创新，不仅能够提升高校图书馆的管理水平，同时也能够有效优化图书馆的管理效益，更好地推动高校图书馆的全面科学发展。

（一）信息时代发展的必然需求

在"互联网+"时代下，高校图书馆管理创新是大势所趋，是形势使然，社会环境的不断变化导致必须创新当前高校图书馆管理形式。在"互联网+"背景下，高校图书馆传统的管理模式显示出非常严重的弊端，这在很大程度上制约着图书馆的服务水平，也影响着图书馆人力资源的科学配置。基于此，在"互联网+"时代背景下，高校图书馆应该把握网络环境与知识经济高速发展的重要时期，积极推动高校图书馆管理朝着信息化、数字化、网络化等方向发展，积极采用现代化的管理模式，综合性提升高校图书馆管理的实效，进一步增强高校图书馆的服务力和竞争力。

（二）图书馆自身发展使然

在"互联网+"时代背景下，高校图书馆积极推动管理创新，是自身的发展使然。高校图书馆是一个综合性的系统，具有书籍检验、借阅等基本功能，同时也承担着信息服务的角色。在"互联网+"时代背景下，高校图书馆积极变革管理方式，积极利用信息技术手段，真正做好"内因"，以便推动高校图书馆的资源共享与网络建设。特别是在信息技术快速发展的今天，高校图书馆进行网络化建设，还能够深化高校图书馆之间的合作与交流，有效弥补高校图书馆的资源不足和缺陷，实现优势互补。

（三）满足新时期读者的需求

在"互联网+"时代下，读者与网络之间的关联性越发紧密，读者通过网络来获取信息，通过网络来获得丰富的资源，读者的阅读习惯和方式已经悄然转变。在这一时代背景下，高校图书馆应该紧密结合读者需求进行服务方式的转变，改变过去被动等待的局面，积极提供主动性的服务。高校学生群体的范围是非常广泛的，他们在阅读过程中存在着个性化的需求。在互联网络、移动网络快速发展的过程中，学生读者完全可以通过线上搜索文献来获得想要的资源。为有效维系读者群体，优化图书馆的服务水平，高校图书馆应该提升信息水平，积极转变服务方式。

二、"互联网+"时代高校图书馆管理创新的优势

在"互联网+"时代高校图书馆应该积极利用信息技术手段，全面实现管理创新。实践证明，高校图书馆管理创新具有非常明显的优势。

(一) 管理过程高效快捷

传统的高校图书馆管理采用人工管理的方式，这种管理方式需要耗费大量的人力、物力，影响着管理的实效。在"互联网+"时代，高校图书馆积极利用信息技术手段，全面实现管理创新，能够有效优化管理效率，全面提升管理水平。高校图书馆在管理实践中，积极利用大数据、云计算等信息技术，将传统的管理模式的每一个环节都进行有效优化，运用科学的管理手段，实现管理信息的透明化，快速共享管理信息，全面优化管理手段，综合性提升管理效率。在信息技术的支撑下，无论是高校图书馆内部管理，还是读者管理，都可以通过网络来实现。例如在读者管理中，高校图书馆利用移动互联网技术，生成读者个性化的二维码信息。当读者进入馆内时，图书馆对二维码进行识别，便可以获得精确性的读者证件信息。再如高校图书馆利用移动互联网技术，让读者通过手机、平板电脑等移动互联网终端设备，就可以查询获取图书馆提供的公共资源。

(二) 管理形式更加多样化

在"互联网+"时代背景下，高校图书馆在进行管理创新的过程中，通过积极创新管理形式，能够全面提升管理水平。利用信息技术手段，高校图书馆通过建构统一的信息平台来集中处理图书馆各个部门的独立信息，以便达到资源共享、信息公开的目标。例如高校图书馆的检索系统、监控系统、准入系统、人力资源管理系统等都可以纳入统一化的信息处理平台上，帮助馆员或者管理人员及时获得馆内详细信息。这些部门又是独立自主的，在管理过程中，其管理形式也是参差不齐的。但通过统一的平台，能够将这些复杂多元的信息整合起来，以便提升管理水平。

（三）服务推广更具个性化

在高校图书馆管理创新中，管理是服务的基础，管理创新的目的就在于优化高校图书馆的服务水平。传统高校图书馆在提供服务的过程中，具有较大的主观性，即高校图书馆按照既定的计划或者馆内实际来提供服务，读者被动接受图书馆的服务。在"互联网+"时代，高校图书馆在提供服务的过程中，可以随时掌握读者的需求，以便为读者提供个性化的服务。依托于信息技术，高校图书馆可以全面收集用户信息，同时实现用户信息的分类，特别是利用云计算技术对大量信息进行处理，对读者的借阅习惯、爱好、信息需求甚至社交方式等进行数据分析，为读者提供智慧服务。

三、"互联网+"时代高校图书馆管理创新的对策

在"互联网+"时代，高校图书馆应该积极迎合时代发展潮流，积极利用信息技术手段，有效提升高校图书馆的管理水平，综合性提升高校图书馆的服务水平。

（一）实现文献资源的管理创新

文献资源是高校图书馆的核心，是高校图书馆服务的根基。在"互联网+"时代，高校图书馆进行管理创新，应该实现文献资源的管理创新。传统的文献管理是人工管理，通过人力资源来实现文献资源的分类与管理，这在很大程度上影响着文献资源管理的水平，也影响着文献资源的利用价值。因此，在高校图书馆管理实践中，应该积极推动文献管理创新。一方面，高校图书馆应该积极推动文献资源的数字化和信息化，充分重视馆藏资源的丰富和建设，全面重视网络资源的开拓，积极将纸质文献资料数字化。同时，加强网络安全建设，保障重要文献资料，尤其是馆藏文献资料的安全。另一方面，高校图书馆在文献资源的管理实践中，还应该重视专业数据库的建设，实现数据资料的科学分类与全面统筹，有效提升数据资料的利用价值。此外，

高校还应该拓展信息数据库的渠道，便于读者快捷高效利用数据资源。

（二）实现读者服务的创新和发展

高校图书馆管理创新的目的是为了优化服务水平，在"互联网＋"时代背景下，学生读者的阅读方式发生了较大的转变。高校图书馆应该积极结合读者需求，全面实现读者服务的创新。一方面，高校应该结合读者需求，主动变革服务方式，实现主动服务，为学生读者提供多元化的服务渠道；另一方面，高校图书馆应该创新服务方式，不断利用信息技术全面拓展服务模式，实现现场服务、网络服务、移动服务等多元一体化。此外，高校图书馆还应该构建网络图书馆，并积极扩展网络资源，实现高校间的资源共享，为学生读者提供充分而全面的信息服务。

（三）积极推动管理机制的创新

在"互联网＋"时代背景下，高校图书馆在管理创新的过程中，应该积极推动管理机制的创新，全面提升管理实效。一方面，高校图书馆应该积极优化业务流程，利用信息技术手段，实现各部门之间的信息公开及快速化的信息处理机制；另一方面，高校图书馆在管理创新的过程中，还应该创新学习机制，全面提升馆员及管理人员的专业素养和岗位素养，不断优化服务意识，综合性提升高校图书馆的管理水平。此外，高校图书馆还应该构建完善的激励机制。在人员管理的过程中，高校图书馆应该构建公平公开、透明合理的晋升机制，有效激发员工的工作积极性。同时，还应该实施绩效考核机制，将员工的能力、学历、贡献、创新等结合起来进行考核。

在"互联网+"时代下，高校图书馆应该积极推动管理创新。科学的管理不仅能够提升高校图书馆的管理水平，同时也能够有效优化图书馆的服务水平。高校图书馆应该紧密迎合时代需求，全面利用信息技术手段，综合性提升高校图书馆管理水平。

第四节　新型人才培养模式下的高校图书馆管理创新

一、新型人才培养模式下的高校图书馆建设

高等院校作为培养高素质创新型人才的主要阵地，在当前人才培养模式的要求下，高校的图书馆建设就必须转变传统的建设

观念，转变收集整理图书、提供资料的服务模式，积极拓展自己的服务功能，利用有效的途径进行管理的创新，只有这样才能够使得高校图书馆的管理工作更上一层楼，图书馆的发展才能够更加充满生机。在当前的高校图书馆建设中，高校的图书资源逐渐向信息化和网络化转变，但是服务范围仍然以图书馆为主，对外拓展延伸方面仍然存在不足。在目前的图书馆建设中，就需要高校的图书馆建设和人才培养相结合，使得图书馆能够成为学生的第二课堂，满足当前人才培养的需要。

二、影响高校图书馆建设的几个问题

（一）馆藏资源的质量

图书馆馆藏图书的质量往往决定着能否吸引读者的兴趣。图书馆应当选择能够吸引读者兴趣的图书，从而提高图书的利用率，营造阅读氛围。由于许多高校图书馆建设时选购的图书大都与专业相关，因此对于学生的吸引力较小，往往是需要查文献或者写论文时才会利用到图书馆馆藏资源。同时，部分高校的图书更新周期较长，内容陈旧，不能吸引学生的兴趣。

（二）图书的推广方式

图书推广活动有利于使读者能够更加了解图书，熟悉图书信息，从而能够在图书的海洋中找到自己感兴趣的图书。图书推广的方式有图书推介会、优秀图书展览等，但是由于受客观原因的限制，这些活动在高校中往往不能够达到良好的效果。图书推广需要各方面的合作与支持，但是由于经费和资源的限制，使得活动开展往往达不到预期效果。另外，图书阅读推广是一项长期系统性的工作，由于高校在开展工作时往往会把它作为一项工作任务，导致工作缺乏长期规划，没有持久性。同时，读者的兴趣爱好不同，喜爱的图书也会不同，图书馆在选购图书时应当如何进行采购，如何开展图书阅读推广活动也成了一个难题。

（三）其他因素

由于高校图书馆属于学校的一个服务机构，工作的开展会受到自身和外部因素的双重影响和制约。同时，由于网络技术的发展，许多读者选择在网络上阅读，在移动端学习，造成许多学生很少进入图书馆。而学生进入图书馆也大都是为了准备考试去复习功课，在图书馆学习的时间较多。

三、新型人才培养模式下的高校图书馆建设基本要求

（一）满足学生的阅读需求

从高校建设的根本目的和图书馆设立的目的来看，是为了培养专业型人才，使学生能够在高校经过培训和学习，掌握知识与技能，树立正确的价值观和人生观，为快速融入社会打下良好的基础。因此，高校阅读服务必须进行工作方法的创新，提高阅读服务水平。

（二）满足教师的科研需求

图书馆除了能够为学生提供良好的馆藏资源，使学生能够高效率学习，还能为教师开展科研活动提供便利，使教师能够寻找到相关的图书资源来进行学术研究，在教学上也能够给教师以帮助，提高教师的工作效率。

四、新型人才培养模式下的高校图书馆建设策略

（一）高校图书馆应当是思想文化教育的主要阵地

保存人类的文化遗产以及开展基本的社会教育、传递科技信息是图书馆的基本功能。为了有效提升高校学生的文化素养，

陶冶学生的情操，高校图书馆更应重视思想文化建设，把图书馆作为思想建设的主要阵地。高校图书馆可以为学生提供一些期刊来丰富学生的日常生活，起到文化教育的作用，同时还能够达到寓教于乐的目的，通过计算机辅助软件以及相关的读物，提升读者的文化修养。

（二）网络化的图书阅读服务创新

随着信息技术的发展，在网络化的大背景下，需要不断创新阅读服务工作，吸引更多读者走进图书馆去阅读书籍，提高图书的利用率。

1. 增加图书阅读信息

图书管理工作者应当利用网络化的技术支持，将图书进行分类，并且在系统中录入相关的图书信息，例如作者、出版时间、内容简介等，从而方便学生进行图书的查找。除此之外，图书馆还应当购买数字图书资源，增加外文文献和资料的采购，把纸质文本转化为电子文本，从而使学生能够更加方便地进行阅读与查询，并且图书馆应当根据图书种类的不同对图书进行分类摆放，设置专门的区域来摆放某一类图书，利用计算机网络建立图书借阅数据库，使得图书管理更加清楚明了，也方便读者进行阅读借阅、查询。

2. 利用网络平台加强图书推广宣传

图书馆在建立起图书资源管理库之后，还应当建立相应的推广平台，将大量的图书信息通过信息平台宣传推广，使学生能够了解到图书信息。同时，可以创建微信公众号，通过调查问卷的形式将不同的读者进行分组，推送不同的图书信息，使学生能够接收到感兴趣的信息。

3. 开通移动阅读服务

高校图书馆可以利用互联网资源，给学生和教师提供移动阅读服务。现在几乎每个人都有智能手机，手机几乎不离身，阅读也通常会选择电子书籍，因此，图书馆应当顺应时代的潮流，利用好互联网，将图书馆的图书资源数字化，通过移动阅读的形式提供给学生和教师，使学生和教师能够随时随地阅读学习。

（三）以人为本的服务理念

所谓以人为本，就是高校的图书馆建设，要能够以满足读者的需要来开展工作，以读者的满意度来衡量图书馆工作的好坏。这就要求当前的高校图书馆管理工作者能够充分地重视服务，能够认识到高校图书馆发展的关键在于服务。工作人员要加强和读者的沟通，加强与读者的联系，尤其是一些一线的工作人员，要能够和读者面对面地接触，通过自己的真诚服务和读者建立起良好的沟通。除此之外，当前的高校图书馆要能够走出去，把自己的馆藏资源向外推出，主动地开展市场调研，走向社会。在当前的人才培养计划中，对学生进行个性化的教育就需要图书馆发挥重要的作用。新时期以来，图书馆作为学校的重要教学机构，需要充分发挥信息服务的作用，配合高校对大学生开展个性化的教育工作，为学生的全方面发展打下良好的基础，为学生的个性化发展提供服务。

（四）为学生创建舒适的学习环境

21世纪，终身教育逐渐成为人们普遍接受的一种教育形式。当前高校教育就需要以学生为中心，使学生能够养成终身学习的良好习惯。高校图书馆可以和其他图书馆进行联合，不断地进行合作，拓展图书馆的服务业务。高校图书馆之前的服务形式已经不能适应社会的变化，也不能满足众多读者的需求，因此，应积极开发一些适应读者需求的服务方法，来满足读者的需求。运用智能化的管理技术来提高服务质量，最终可以实现高校图书馆的长期发展，同时满足学生的学习需要。现今实行的一些新型数字资源查阅服务、网上订阅服务等都可以让读者体验到阅读的便利，而且还可以根据不同学生进行有针对性的服务，让学生通过网络的形式来进行相关信息的查阅，以达到学习知识、增加阅读量的目的。利用现代的社交网络与社交媒体来了解读者的阅读习惯，制定更适合读者的体验式服务，让图书馆能够受到广大读者的欢迎。

第五节　新时代高校图书馆服务管理创新

高等学校图书馆是学校的文献信息资源中心，是为人才培养和科学研究服务的学术性机构，是学校信息化建设的重要组成部分，是校园文化和社会文化建设的重要基地。在现代信息技术快速发展以及各种移动终端盛行的当下，读者的阅读方式和阅读习惯都发生了很大的变化，给高校图书馆造成了很大的冲击。因此，高校图书馆必须不断提高读者的进馆率，才能更好地为培养人才和科研服务。

一、高校图书馆服务的重要职能

高校图书馆是教育和科研的重要部门，其主要任务就是收集、整理和收藏各种图书资料。

（一）高校图书馆是重要的学习型组织

图书馆是人类文化财富传承的宝库，是人类获得知识、信息和正能量的重要场地。图书馆是大学生增加阅读知识量、锻炼演讲能力和写作素质的地方，也是教师们获得教学资料的地方。图书馆的财富资源主要是数十万本纸质图书、数百种期刊和数千台的联网电脑，阅读图书馆的书籍、杂志，浏览图书馆的网站，可以提高师生的学习素质和工作能力。图书馆可以推进社会进步，可以促进人类的发展。

（二）高校图书馆是素质教育的重要场所

图书馆是高校教育的主阵地，可以培养读者科学的价值观。教师和学生需要学习知识、培养能力和进行适当的科学研究，这都需要大量的阅读作为基础，同时高效率的知识和信息传递，也需要通过大量的阅读来实现。现代化的图书馆可以激发学习潜力，提高学习效率，为教师和学生的素质教育提供素材和推动力。

（三）高校图书馆是公益事业的媒介和资源

高校图书馆的文献信息，为高校师生撰写科研论文、毕业论文、实习报告和编写书籍提供帮助和素材。科研活动是建立在大量的阅读量和信息量基础之上的，图书馆应积极增加资料文献总量，提高服务质量，增加服务时间，提高效率和效益。在现代化的进程中，图书馆网络学术资源建设也越来越重要，其承担着传承文化、科教兴国的重任。革命导师马克思当年酷爱读书，在英国图书馆里读书很多年，终于写出了人间巨著《资本论》，改变了人类的发展进程。

二、高校图书馆的服务创新

高校图书馆是以馆藏图书期刊借阅、电子图书和多媒体资源下载等方式为高校师生提供教学科研服务的单位，具有公益事业教育的性质。在信息技术网络化的今天，作为资源集散地与传播地的图书馆，电子文献数据已成为高校图书馆科技信息资源的主要存储形式，图书馆正处于从传统纸质图书资料借阅向数字化资源导航转变。

（一）图书馆服务内容的拓展

服务是图书馆经久不变的话题，高校图书馆应在借阅服务、阅读推广、数字资源服务、空间资源服务等方面与时俱进，开拓创新。一是主动了解师生对图书馆书刊、电子资源的需求意向，及时了解教师课题研究的情况；二是熟悉包括书刊、相关学科的电子资源及检索方法，掌握如何通过检索获得文献，为师生有效利用资源提供支持和指导；三是定期或不定期地宣传新增的文献信息资源和服务措施，协助编写、修改各类宣传材料以及读者参考资料；四是为校内外科研人员提供服务。

（二）图书馆服务形式的拓展

在文献收集方面，馆员需要了解本馆的馆藏情况，知道哪些文献应补缺；在文献典藏方面，主要工作是指图书排列、书库划分、馆藏清点和文献保护；在服务方面，主要是指办借书证、文献流通、馆藏报道和读者教育。图书资料要及时在图书馆网页、学院网站和QQ群里（学院行政办公群、教学科研群和图书馆工作群）进行宣传和推广并及时更新图书馆主页内容，加强管理系统的维护和运行。

图书馆还应广泛开拓服务资源，深入了解师生的阅读需求和信息需求，积极做好文献资源建设工作，把入馆新书都及时上架，并根据教学和专业建设情况，改革学习报刊的订购种类和数量，加强电子资源建设。

（三）转变图书馆员的服务观念

新时代图书馆的职能由文献信息服务逐渐向数字知识服务转变，这就要求图书馆员的服务意识也要随之变化。图书馆员要转变观念，紧跟图书馆事业发展步伐，提高服务意识。图书馆要增强思想政治教育，提高馆员思想觉悟；要帮助馆员牢固树立以读者为本的服务理念，创新工作思路；要定期组织开展业务培训并鼓励馆员进行继续教育学习；要协助馆员掌握现代化技术，将科学技术广泛应用于图书馆的各项工作中。图书馆应该围绕学院各学科的专业特点，加强与教学系部的联系，及时了解他们的需求，开展多样化的文献推荐活动和阅读推广活动。图书馆也可以加强与班级的联系，可以在每个班级设立一名图书馆的联络员，及时让学生了解图书馆发展和建设的新动向，收集学生对图书馆的意见和建议，了解学生的需求。在对读者需求充分了解的基础上，图书馆就可以通过不断改进服务的方式方法以及活动的形式和内容而有针对性地开展个性化服务。

三、以用户服务为导向的高校图书馆管理模式的创新

(一) 树立先进理念, 进行组织管理

1. 优化管理模式, 改进业务流程

传统的管理观念和模式严重阻碍了当前图书馆的发展, 仅仅以自身的资源来进行业务流程的设计是不科学的, 不仅无法满足用户日益增加的新需求, 更无法站在不同用户的角度来考虑需要提供的服务。此外, 还需要对业务流程进行全新的改造, 根据用户需求对其进行压缩或者重组。

对馆内工作人员的职责需要进行重新划分, 如可以利用学科馆员的专业知识来提高服务效率和服务质量, 对有需要的用户进行一对一的服务, 从而推动图书馆更好发展。

2. 优化组织结构, 实行团队管理

网络时代的到来极大地推动了图书馆职能的改变, 传统的收藏职能已经被文献使用职能所取代。类似于金字塔的传统模式已经无法满足目前的发展, 需要采用扁平化的新模式矩阵组织形式。这种扁平化的组织结构形式主要有两种: 一是三部一室; 二是四部一室。

（二）兼顾人力和文献，优化资源管理

1. 以人为本，改善人力资源管理

人本思想作为管理理念的核心内容是需要重点关注的，同时还需要对人力资源进行规划以及对工作人员的专业知识进行丰富和优化。通过创新相应的激励机制来提高员工的积极性，从而提高馆内工作人员的服务效率和质量，推动图书馆的可持续发展。

2. 以用为主，完善文献资源管理

高校图书馆的服务对象主要是学生和教师，两者在需求上是有很大不同的，因此需要针对各自需求在资源管理上进行调整。对于学生来说，纸质的书籍是主要需求，学生不仅需要阅读相关专业方面的书籍积累专业知识，还需要通过阅读其他书籍拓展思维，因此图书馆要保证纸质书籍的保有量；对于教师来说，用于教学和科研的文献形式要求多样化。总之，实现文献的共享共用才能够最大限度地满足不同群体的需求。

（三）紧跟时代发展，进行技术管理

1. 引进先进技术，扩展资源

先进技术在教学上的应用极大地改变了教学方式，并引发了

变革。近年来，新型教学模式进入大众的视野，也得到了极大的认可，主要有翻转课堂等多种方式。这样极具个性的方式需要相关技术的支持，也需要一定的空间和相关设备。高校如果想实现这种个性化的教学方式，就需要得到图书馆的资源和空间支持。图书馆应当积极地完成个性化教学平台的建立，在资源和服务设施等方面做好规划，帮助高校能够更好地面对因教育环境改变而带来的挑战，更好地改善自身在教育教学方面的不足，从而帮助高校完成教学及科研工作。

2. 发展技术平台，辅助服务

首先，web2.0技术的应用能够有效丰富馆内的服务方式和服务内容，将会在书籍导读、学科导航等方面发挥较大的优势。其次，RFID的引入会为自助服务系统的建立和完善起到很大的作用。这项技术的引入不仅见证了自助服务的诞生，而且就应用范围而言也是相当广泛的。最后，移动图书馆的建立将有助于多功能服务的实现。在日新月异的信息时代，图书馆用户的需求信息也是在不断变化的，而且会随着外界等因素不断变化，通过互联间这个媒介将变化后的信息传递给收集机制，这样就实现了移动图书馆的价值。不仅能够弥补传统图书馆在这方面的不足，更能够满足更多用户的新需求。移动图书馆目前能够提供多种类型的服务，如通知功能、搜索功能、查询功能等，在功能的开发上也在不断创新。因此，对于高校图书馆而言，更应该积极推广移动图书馆，依靠移动图书馆的自身优势，满足用户的需求，提高用户的满意度。

（四）基础与拓展并用，进行空间管理

除了对管理方式进行适当的改变，还要对空间布局进行重新规划，使得结构特点能够符合功能要求。例如，可以通过减少书籍的收藏空间来增加用户的活动空间，适当增加自习室、研讨室等。很多高校已经依据共享的理念对图书馆的空间进行了重新设计，从而能够提供新的服务功能。总之，图书馆空间的重新设计一定要以用户的需求为核心。

（五）突出重点，追求多元，优化服务管理

高校图书馆的服务对象主要是校内人士，包括学生、教职工以及从事科研的人员。这些人的需求应当是开展服务工作的核心，但仍需要考虑不同群体的需求之间存在的不同，如使用目的和方式的不同，针对不同需求来提供更加符合要求的服务。具体可分为两方面：一方面扩展参与群体的范围，以创新的思维方式来调整服务；另一方面要针对人群的特殊要求对服务方式进行相关调整，使服务多样化。

第一，应当确立现代的管理理念，摒弃原有传统的管理模式，用新理念、新思路重新规划管理模式及组织形式，以用户的需求为依据来进行流程和结构的优化，从而建立符合本校图书馆发展的管理模式。第二，要遵循以人为本的核心思想，还要不断完善对人力资源和文献资源的管理。第三，与时俱进，充分利用先进的技术，实现更为科学的管理，打造能够提供智能服务的现代图书馆。第四，对空间进行重新划分，增加共享空间，满足不同人对于空间的需求。第五，发展多元化的服务。创新服务是吸引用户的重要因素，要根据不同的人群需求来提供相应的服务，从而全面提升服务质量。

第三章　高校图书馆读者服务的理论基础

第一节　图书馆服务理论

一、图书馆服务的内涵及特征

柯平提出，图书馆服务是为满足读者和社会需求，利用图书馆的文献信息及其他各种资源，实现图书馆使用价值的全部活动。该观点指出了图书馆服务包括三大要素：一是对象，即读者与社会；二是内容，即利用图书馆的资源；三是目标，即实现图书馆使用价值。

（一）图书馆服务的内涵

图书馆服务的内涵为：①图书馆服务以图书馆用户为中心，

以满足用户的需求为目的，服务的产生由需求开始，服务的存在是为了实现用户的需求。②图书馆服务提供者必须具有一定的能力，掌握一定的服务手段，才能实现服务目标。服务提供者的能力既包括体力和智力上的能力，又包括服务的技能和所拥有的资源。服务提供者的服务手段包括必要的软硬件、操作流程、工具、服务设施和设备，这些主要以有形资源形式呈现。③服务的过程就是服务供需双方的接触过程，通过一系列服务活动来实现，具有无形性的特征。④服务的结果是满足用户需求，通过服务过程实现服务结果，且这种结果通常也是无形的。

为了实现图书馆服务目标，图书馆服务必须包含的基本要素有：①图书馆用户，即服务需求者，他们产生和提出服务需求，既是服务流程的起点，又是服务流程的终点。②图书馆服务提供者，提供服务的个人或组织，以满足用户需求为宗旨。③图书馆服务能力，图书馆应具有提供服务所需的资源，并能够通过一定的流程或程序实施服务。

（二）图书馆服务的特征

1. 图书馆服务的无形性

与有形产品相比，无形性是服务的最大特点。服务是表现、行动或过程，所以无法在购买和使用前凭借感知器官来感觉，并以此判断服务质量的优劣，只能在购买服务后，通过使用服务的过程进行感官上的认识。图书馆服务也具有这种无形性，图书馆用户在选择和使用服务前对于服务具有一定的盲目感，对图书馆服务的认可与否只能通过使用服务后做出评价。无形性造成了图书馆服务的信息不对称，不易向用户展示图书馆服务，也不易与用户进行沟通，用户无法通过直观的外在信息感知服务。虽然优质的图书馆服务会令用户感到愉悦，令人不满意的图书馆服务招致用户的抱怨和投诉，但对于本次服务而言，只是在事后做出评价。因此，为了增加用户对图书馆服务的认识，必须通过其他方式事先将图书馆服务的具体情况传递给客户，图书馆主动对服务做出标准规范才是一种有效的信息传递方式。

2. 图书馆服务的异质性

服务的提供是依靠服务提供者与用户接触而产生的，服务主体和服务对象都是人，每一个人都具有自身个性，服务的品质既受到服务提供人员的素质差异的影响，又受到客户个性特色和个体需求的影响。不同素质的服务者会产生不同的服务效果，同样的服务者为不同要求的客户服务也会产生不同服务质量效果。服务的行为几乎不可能完全一样。服务的异质性因而产生。

服务的这一特性要求图书馆重视服务规范，提高馆员自身素质，通过制定服务标准对服务的构成成分和服务质量做出统一认定，加强与图书馆用户对服务要求的沟通，全面实施服务标准，尽量保证服务的一致性，并赋予图书馆员适当权力处理用户的个性化要求，从而提高服务质量。

3. 图书馆服务中生产和消费的同时性

有形产品从原材料采购、生产加工、物流运输到分销销售，按照流程发生在不同的时间和地点，是异时的。服务的产生过程就是客户使用的过程，服务的生产和使用消费同时发生，服务生产与服务消费同时伴生，相互依存，不可分离。对于图书馆而言，服务的质量、用户对服务的满意与否都是在服务的过程中产生的，依靠的是服务的交互过程，这个过程包括了图书馆员之间、馆员与用户之间的行为。低质量的服务将造成无可挽回的后果。因此，提高图书馆服务质量不是临时的工作，而要事先做好充足的准备，提升馆员服务素质，保障服务能力，统一服务要求，制定服务准则，才能在为图书馆用户提供服务的过程中将优质服务传递给他们。由于服务是实时传递的，用户必须在现场接受服务，时间（包括搜索图书馆服务、等待图书馆服务、使用图书馆服务的时间）将全部被列入成本，因此，提高用户对图书馆服务质量的感知，必须通过规范的服务要求实现迅速服务、主动服务。

4.图书馆服务的不可储存性

图书馆服务的生产和消费是同时发生的，提供者提供服务的过程不可能储存起来待今后使用或转让给他人使用，服务生产过程的结束就代表其消费的完成。图书馆服务具有的同时性也造成服务消费的过程不可储存，因此，重视图书馆用户的服务体验，重视服务过程，重视每一个服务环节成为提高图书馆用户满意度的重要途径。通过图书馆服务标准的制定与实施，促使图书馆员重视每一次的服务提供，认真对待每个服务环节，按要求保质保量地提供规范的服务。

5.图书馆服务的用户参与性

对于有形产品来说，客户就是整个产品供应链的末端，意味着产品最终到达客户，客户只能够购买产品和消费产品，无法参与本次产品的生产过程。但对于服务而言，由于其生产与消费不可分割，同时发生，因而服务通常需要客户参与其中。因此，图书馆服务质量不仅受到馆员影响，还受到来自用户的影响。图书馆用户如何参与服务，用户是否能熟练地参与服务过程都将对服务造成影响。这就要求图书馆对整个服务进行合理规划与设计，不仅对图书馆管理员提出要求，对图书馆用户也需要提出相应的要求，并进行一定的指导。当然，用户在图书馆服务过程中是否能履行自己的职责往往受到服务提供过程环境的影响，如果服务环境的设计符合用户需要，就能够提高用户的感知服务质量和参与服务的程度。

6.所有权的不可转让性

有形产品是一种物品，消费者付出一定的代价购买产品就获得实际的物品，产品的所有权从产品提供方转移到了客户。服务是一种行为或过程，在生产和消费的过程中并不涉及物品所有权的转移，服务在交易和消费完成后便消失了。例如，在图书馆享用阅读服务并不意味着可以将图书占为己有。

图书馆服务所具有的特性来自服务本身，这些特性启示图书馆管理者和研究者重视图书馆服务，加强图书馆服务规范的研究和应用，通过有形实在的服务标准向用户传达无形隐蔽的服务信息，促进图书馆服务双方的有效沟通，提高图书馆服务质量和用户对图书馆服务的满意程度。

二、图书馆服务的类型

按照服务工具的区别，服务可以分为以机器设备为基础的服务和以人为基础的服务，图书馆服务二者兼而有之，设施设备和图书馆管理员是开展图书馆服务的必要条件。按照服务活动的本质，服务可以划分为作用于人的服务、作用于物的服务，图书馆服务主要是作用于人，即对图书馆读者的服务，即使对图书、文献进行处理加工，也是为了满足读者对图书资料或信息的需求。按照服务组织与客户的联系状态可以分为连续性服务和非连续性服务，图书馆用户在需要时使用图书馆服务，因此属于非连续性服务。按照服务提供的形式可以分为提供实物的服务、提供信息的服务以及提供知识的服务。图书馆向用户提供服务的形式可能是三者之一，也可能是三者的任意组合，如图书借阅主要是提供实物，导读服务则既要提供实物又要提供一定的信息，而学科咨询服务则以提供知识为主。随着用户需求的改变和图书馆服务能力的提升，图书馆越来越多地向用户提供知识，知识服务已成为当今图书馆服务的一大趋势。图书馆服务类别也可以按照图书馆类型来划分，主要包括公共图书馆服务、高校图书馆服务、国家图书馆服务、学校图书馆服务、专业图书馆服务、企业图书馆服务等。

当然，图书馆服务分类最常见的方式是按照图书馆提供的服务内容进行划分的，随着计算机技术、声像技术、通信技术等在图书馆的广泛应用，图书馆服务手段日益多样化，图书馆服务内容也不断增加。常见的图书馆服务内容有：阅览、外借、参考咨询、编译报道、文献传递、情报检索、定题、专题讲座、展览、自助等服务。不同类别的图书馆，其服务内容具有一定的侧重点。

《普通高等学校图书馆规程（修订）》指出，高等学校图书馆是学校的文献信息中心，是为教学和科学研究服务的学术性机构，是学校信息化和社会信息化的重要基地。高等学校图书馆的工作是学校教学和科学研究工作的重要组成部分。高等学校图书馆的建设和发展应与学校的建设和发展相适应，其水平是学校总体水平的重要标志。高校图书馆隶属于特定高等教育机构，为所属高校的师生、科研人员或其他相关人员和机构提供服务，其服务工作以最大限度地满足读者的需要，为学校的教学和科学研究提供切实有效的文献信息保障为目标。

20世纪90年代初，随着计算机、现代通信、网络、多媒体等技术的发展，为了满足用户对信息资源的各种需求，高校图书馆着力改变原有提供文献借阅的服务模式，对其服务方式和服务内容做出了许多新的尝试。美国田纳西大学、伊利诺伊大学香槟分校、布莱恩特大学、德雷塞尔大学等共同从科研、教学等多个社会化和专业化领域开展了高校图书馆的价值研究的UVR

项目，在该项目中，高校图书馆服务被归纳为以下 11 类：①期刊、图书及其他出版物的访问服务；②网络设备、视听设备等软、硬件设施的提供服务；③馆际借入服务；④馆际借出服务；⑤参考咨询和学术研究支持服务；⑥指导性服务，如嵌入课堂教学；⑦公共宣传服务，如馆内电视宣传和实时通信宣传；⑧空间服务；⑨客户端远程访问服务；⑩复制和传送服务；⑪ 对校外用户的敞开性服务。现代大学图书馆面向师生日益增长的研究和学术交流的需求，已经不仅成为社会化、多功能、综合性的学术中心、信息中心和文化中心，更成为健康、舒适、开放式的学习、交流和社交场所，有利于用户的学习。

三、高校图书馆服务的作用

（一）支撑教学

教书育人是高等学校的首要任务，是社会衡量高校办学质量的重要指标。高等学校通过教学培养高层次人才，对提高社会文化素养具有重要作用。因此，支撑教学是高校图书馆的主要功能之一。一般而言，高校图书馆可以为教学提供场所，提供教学资源，如教材、参考资料等。在现代信息技术的支持下，高校图书馆提供的教学帮助更为丰富、全面和及时。除了数字化的文献资源，教学相关的音视频材料都可通过图书馆提供给师生，从而支撑教学全过程。

（二）支撑科学研究

除了教学，高等学校的另一主要任务就是开展科学研究，高校图书馆应支持所在高校各个学科的科学研究。科学研究的起点依赖于及时准确的信息，高校图书馆通过收集科技动态信息、国家战略规划、市场需求信息等为科学研究提供论证依据。图书馆还拥有支持科研全过程的丰富的信息资源和多种形式的信息服务。图书馆不断扩展学术信息交流空间，组织学术探讨和咨询，为科学研究提供必备的条件。

（三）支撑学习

学生是高校的主体，支撑学生学习是高校图书馆的职责所在。高校图书馆通过图书馆实体为学生提供学习场所和学习氛围，通过图书馆丰富的文献信息为学生提供学习资源，通过图书馆服务为学生提供学习辅助。学生是未来社会的主体，高校图书馆为学生提供的学习服务将对其未来人生产生潜移默化的影响。

（四）支撑文化传播

高校图书馆除了服务本校师生外，为社会服务也是高校图书馆的义务，在高校图书馆为社会服务的范畴中，文化服务是其主要功能。《普通高等学校图书馆规程（修订）》中指出有条件的高等学校图书馆应尽可能向社会读者和社区读者开放。高校图书馆通过其所在地的社区向社区居民进行宣传，动员他们使用图书馆的资源，举办讲座、展览等，向他们传播文化。高校图书馆还应与当地的政府、企事业单位联合发挥文化服务功能。

第二节 图书馆标准化理论

一、图书馆标准的内涵

我国于1979年11月7日成立了全国文献工作标准化技术委员会，专门从事图书、情报和档案等方面的标准化工作，相继制定了有关标准。1990年，《中国百科大辞典》对图书馆标准化做出了正式的定义，图书馆标准化是指主要对图书馆业务技术方法，以及设备用品等实行统一的原则或规范。其内容包括文献分类的标准化、文献著录标准化、名词术语标准化、情报检索语言标准化等，是实现图书馆现代化的前提。研究者也认为图书馆的标准化管理体系一般由工作标准和管理标准两部分组成。其中最主要的是文献工作的标准化，文献工作标准化的范围是情报工作、图书管理业务和有关信息服务，同时还包括应用于文献工作的信息系统和互换网络系统的标准化。其二是用于图书资源检索和报道用的服务性标准，由检索刊物标准、出版物格式标准、代号代码类标准、缩微和摄影技术标准等组成。在加强高校图书馆标准体系方面，滕德斌认为图书馆员要做好文献、信息服务工作，不仅要熟悉本行业的国际、国家标准，还要熟悉图书馆内标准。其中馆内标准化工作的措施主要包括以下两点：一是开展图书馆的标准化管理工作的宣传教育，不断提高图书馆工作人员的标准化工作意识；二是不断建立、完善标准化管理各项规章制度和标准，而且要在工作中以这些规范和标准作为行动的准则，为读者提供优质服务。

图书馆标准的内涵包括：①促进图书馆和读者的最佳共同效益是制定标准的根本出发点和最终目标；②图书馆标准是经公认的权威机构批准，在一定范围内规范图书馆活动；③图馆标准已经从业务领域延伸到图书馆全部活动中；④图书馆标准所反映的不是局部的片面的经验，而是一定范围内普遍共同的经验和利益，既有可能是来自于同一类型图书馆的普遍经验，也有可能是出自对一定地域范围或行政级别图书馆经验的总结。

二、图书馆标准的生命周期

著名标准化专家桑德斯提出的标准化理论认为，标准化活动过程可以概括为制定—实施—修订—再实施。标准的生命周期是制定标准、实施标准、修订标准的循环过程。开展标准活动的起点和基础是制定标准，否则标准活动就缺乏规范的依据，无法开展标准活动。实施标准是实现标准作用，是整个标准活动的中间环节。在实施过程中，对标准的实施情况进行监督和反馈，收集标准实施的建议和意见，通过监督反馈结果客观评价标准的水平。根据实施反馈意见对标准进行修订完善是标准活动的重要过程，促进标准体系不断完善，推动标准活动持续进行。因此，制定标准、实施标准、修订标准的过程不断往复，形成标准活动发展的螺旋式模型，反映出标准不断改进、不断完善的生命进程。图书馆标准也具有同样的生命周期。

推动图书馆标准化进程的动力来自图书馆生存环境的不断变

化、图书馆行业的不断发展,以及图书馆用户需求的变化。

第三节 高校图书馆服务标准的理论框架

一、高校图书馆服务标准理论框架的架构

笔者认为在服务标准理论、图书馆服务理论、图书馆标准化理论的共同支撑下,能建立图书馆服务标准的理论框架,如图所示。

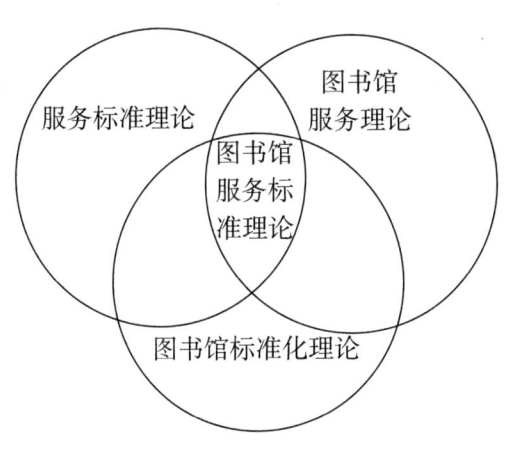

图3-1 图书馆服务标准理论框架

图中三个圆圈分别代表服务标准理论、图书馆服务理论和图书馆标准化理论,它们的交集即为"图书馆服务标准理论"。这

一框架表明图书馆服务标准理论是图书馆标准化理论的一个组成部分，与图书馆业务标准理论、管理标准理论共同组成图书馆标准化理论体系。与图书馆其他标准相比起来，图书馆服务标准的研究还比较欠缺，长期以来对图书馆标准的关注点主要集中在技术标准上，较少关注服务标准的研究和应用。根据图书馆服务标准理论框架，笔者认为图书馆服务标准就是针对图书馆服务工作应该达到的要求而制定的标准。图书馆服务标准是以星级服务为目标，为用户提供高品质的规范化服务，实现服务效率最大化、服务管理最优化、服务效益最高化，服务达到五星级水平。图书馆服务标准体系是由若干相互联系、相互作用、具有特定功能的标准共同组成的有机整体。图书馆服务标准活动的目的是在标准体系的指导下，运用标准原则和方法，制定图书馆服务标准及实施图书馆服务标准，实现服务质量目标、严格服务方法、规范服务过程，从而获得优质服务。这一理论框架成为支撑高校图书馆服务标准研究的基础。

二、高校图书馆服务标准理论的原理

结合图书馆服务的特点，笔者认为图书馆服务标准有其自身规律性，图书馆服务标准的原理主要包括以下四个部分。

（一）用户中心原理

研究、制定及应用服务标准的最终目的是为了满足用户期望。在服务业领域，把依照顾客要求制定服务标准的原则称为顾客导向的服务标准或顾客界定的服务标准。若服务标准的制定是从图书馆的利益出发，首先满足的是图书馆自身要求。只有当图书馆要求与用户要求完全一致，即图书馆导向的服务标准符合用户要求时，用户才认为此服务是高质量的服务。但现实情况中，图书馆利益目标与用户要求完全一致的情况是极少的。因此，若从图书馆角度制定服务标准，不一定能满足用户的要求。只有以用户为中心，从用户角度考察图书馆服务，从用户期望或要求出发研究并制定服务标准，才能更好地满足用户的期望。

（二）标准化与个性化兼容并存原理

图书馆服务的标准化有助于为用户共同期望提供等同服务，提升服务效率，保证服务质量；图书馆服务的个性化有助于更好地满足用户信息需求，提高服务质量。在标准统一的规范要求下，避免了馆员随意凭借自身的喜好、心情等提供服务；在个性化的主导下，有助于馆员发挥主观能动性，及时发现用户个性需求，与用户积极交流沟通，帮助用户解决问题。因此，服务的标准化和个性化都是紧紧围绕以用户为中心的理念。图书馆服务标准应该是以用户为中心，满足用户一切需求（包括个性需求）的标准。这意味着对图书馆员将提出更高的服务标准要求，这种要求要在掌握规范化服务技能的基础上，拥有更丰富的经验和技术，更好的交流沟通能力，以及更多的情感投入。

（三）系统协调原理

服务标准所指并非一个或某个标准要求，而是指整个服务标准系统。服务标准效应的衡量也不是从单个标准的效应得到，而是从相互协同的整个服务标准体系的效应而来。图书馆工作人员应树立系统意识、全局观念，从服务标准目标的确定、服务标准体系的规划、服务标准工作计划、服务标准实施的方案选择，到服务标准实施过程中依据实施情况进行的协调、控制等都必须运用系统协调原理。根据系统协调原理，图书馆服务标准体系的内容组成只有彼此兼顾，形成优化的系统结构，才能在实践应用中产生良好效果。

（四）有序发展原理

标准效应的发挥要求标准具有一定的稳定性，但这并不表示标准就是固定不变的。标准系统的稳定是相对的、非永久的，在一定时间范围和空间范围发挥其效应。对图书馆服务标准系统，要持续进行监控，不断总结其实施情况，判断标准是否与环境相一致、相适应。及时淘汰其中落后的、低功能的、无用的要素，及时补充符合社会发展、用户需求和图书馆服务要求的标准要素，才能不断使系统从较低的有序状态向较高的有序状态发展，不断保持标准应有的功能。有序发展原理为图书馆服务标准发展、进化机制提供了理论依据。在图书馆服务标准活动过程中，既要积极促进现有服务标准的应用，发挥其应有的作用，又要对当前服务标准进行控制和调整，使其与环境发展协调一致，实现标准的可持续发展，保持标准的先进性。

第四章　互联网视域下大数据对高校图书馆的影响

一、高校图书馆大数据特征

（一）大数据引发高校图书馆思考

1. 高校图书馆海量数据

高校图书馆本身拥有很多纸质资源，随着信息化建设的发展，大量的数字资源，如电子图书、期刊、数据、网络资源进入高校图书馆。智能手机、平板电脑等移动终端的普及使读者不受时空限制即可获取知识。随之而来的是高校图书馆的移动客户端、WAP网站、数字图书馆等如雨后春笋般涌现，使用户的数据量爆发增长。面对如此海量的数据，高校图书馆应主要分析、挖掘用户的借阅记录、查询日志、社交活动、移动终端使用记录等各类半结构化数据，因为这些数据中包含了很多隐性价值，对改善服务方案、提高服务效率、开展个性化服务有很大的帮助。

2. 读者流失严重

随着各种新信息技术的不断发展，网上数据库、网上书城以及公开免费的网上图书资源充斥着互联网，给传统的高校图书馆带来了压力，读者流失日益严重。而大数据为高校图书馆解决这一问题提供了新的思路。高校图书馆可以借助大数据技术对读者需求数据（包括借阅记录、咨询记录、荐购记录等）进行分析，不仅可以了解读者的信息行为、需求意愿及知识运用能力，还可以深度挖掘读者在交互型知识服务过程中的潜在需求，从而有针对性地开展服务并吸引读者，以应对生存危机，同时利用读者不断增长的信息需求促使高校图书馆的拓展服务持续延伸和完善。

3. 高校图书馆大数据应用

高校图书馆的核心价值就是为学生、教师服务，教师的科研成果、学生的论文成果在某种程度上代表着高校的教学、科研水平。图书馆只有了解师生的需求，掌握其阅读习惯，才能有针对性地提供优质服务，进而提升整个学校的科研水平。高校图书馆要充分利用大数据技术和大数据思维，发现潜在价值信息，为师生提供高效、智慧的服务，这是未来高校图书馆发展的方向。

首先，高校图书馆应用大数据具有现实可行性。教师、学生在使用图书馆时会留下使用痕迹、用户行为日志等，这就形成了很多有价值的数据。其次，高校作为科研重地，对新技术、新思想的敏感性很强，在高校图书馆中使用大数据技术并不是什么难题。最后，大数据技术不是一项具体的技术，而是数据采集、数据存取、数据处理、数据挖掘等技术的整合，这些技术相对来说已经很成熟。高校图书馆面对新技术、新思维的冲击，要及时抓住发展契机，转变服务模式，实现可持续发展。

4. 高校图书馆隐私保护

高校图书馆存在着大量的读者数据，如用户查询记录、用户借阅数据及手机客户端访问日志等。图书馆为了改善服务方式，提供优质服务，需要对这些数据进行分析，通过数据挖掘、知识发现等技术了解用户阅读行为。另外，这些数据除了用于记录读者的个人信息外，还隐藏着许多重要信息，如电话号码、邮箱、行为记录、社交网络信息等。高校图书馆应高度重视读者隐私，树立高尚的职业操守，在正当、合法的范围内使用读者数据。

（二）高校图书馆拥有的大数据

高校图书馆大数据的来源也呈多样化特征，除了传统的电子

图书、期刊、论文数据库等结构化数据资源外,还包括以下大量的非结构化信息资源:

1. 智能设备数据

像 RFID 数据信息,装有 RFID 图书的信息,可以自动实现资源的跟踪和分析;像门禁系统,保留有大量读者的进馆出馆信息,可以帮助馆员根据读者的来馆时间,做好相应的人员配备,提供更好的服务。

2. 物联网数据

可以通过在图书馆不同位置或环境中放置传感器,来对所处的环境和资源进行数据采集,通过长时间积累,可以产生巨大的数据量,有助于馆员分析图书馆的使用情况,优化资源配置。

3. 互联网数据

随着社交网站的普及应用,这部分数据的产生速度超过以往任何一个传播媒介,由于用户众多,且数据中包含用户丰富的情感特征,是图书馆服务的一大评价指标来源。另外像 OPAC 读者的检索记录、数据库读者的访问记录等一些用户行为数据,也包含着读者丰富的信息,是图书馆大数据的重要组成部分。

4. 科研共享数据

高校图书馆作为一个科研服务中心,需要构建科研数据共享平台。科研数据是指数字形式的研究数据，包括在研究过程中产生的能存贮在计算机上的任何数据，也包括能转换成数字形式的非数字形式数据。科研数据是研究过程中重要的研究成果，包含着巨大的研究价值。长期以来，高校虽然有丰富的科研数据，但是往往局限于本课题组、本单位使用，没有经过有效的整理和建库共享，造成了科技资源的极大浪费。因此，科研共享数据是图书馆需要重点收集的一个大数据来源。

5. 移动互联网数据

随着高校移动图书馆的普及，图书馆可以利用移动互联网技术，获取大量读者访问数据，从而分析读者的使用习惯、阅读倾向等，进而帮助馆员开展有效的分析并预测其知识服务需求。

（三）高校图书馆具有大数据特征

随着图书信息资源的不断发展，读者对于图书馆的要求也越来越高。在大数据时代，图书馆开始具有大数据特征。

第一，图书馆的数据资源既有一些基本的文献资源、光盘数据资源、网络资源等，也有一部分读者信息和提供服务的信息，还有图书馆自身发展的数据信息，这些数据的编码和格式在内部都无法达成统一，形成了大量的异构数据。

第二，图书馆的数据资源每天都在增长，全国图书馆数字资源总量是一个庞大的数据集。图书馆必须根据用户的服务信息等数据做出相应的服务策略转变，对大量数据的分析与潜在价值挖掘显得十分重要。

第三，图书馆出现了一些新兴服务方式，如24小时服务、其他网络服务等，增加了用户的数据信息。要对这些数据进行挖掘和整理需要一些限定的条件和环境。虽然图书馆已经进入了一个发展比较迅速的阶段，数据库的记载与统计也达到了新的水平，但是这些数据还需要进行异构处理，找出新型服务方式。

二、互联网+大数据对高校图书馆的价值体现

大数据的价值在于可以通过人工智能、计算机科学、数学统计、信息技术等多个交叉学科的大数据技术的应用来挖掘找到隐藏在大数据背后的世界。

（一）高校图书馆利用大数据的价值

1.为资源采购提供决策支持

通过读者使用资源的交互数据，如图书浏览记录、借还记录、数据库访问记录、下载记录等，可以有效地评估读者对各种资源的使用情况，通过较集中的访问历史可以预测读者关注的热点，

从而为资源采购部门提供决策支持，对需求大的未购买资源进行增加订购，而使用率不高的资源可以减少或取消订购，从而让有限的资金能够购买读者更需要的资源。

2. 为读者提供个性化服务

高校图书馆里包含大量读者使用图书馆的记录，通过读者的咨询记录、借阅记录、数据库访问记录、检索记录、下载记录等用户使用图书馆资源的足迹，同时再结合读者的专业，及教务部门提供的个人选课信息、成绩情况等，可以分析读者的兴趣点、服务诉求、学科需求，从而把适合的资源向其主动推送，为读者提供个性化服务，实现图书馆由被动获取转为主动服务的职能转变。通过不断主动为用户进行探测性的推荐服务，可以持续性地获取用户的反馈信息，从而对其服务需求进行修正，提高个性化服务的可靠度。

3. 为学科提供研究方向

图书馆可以利用大数据对学科进行聚类分析、热点预测、网络分析、可视化分析、引文分析、知识关联分析等，从宏观上分析相关学科领域的研究方向和热点，为科研人员特别是新进入研究领域的学者，以及面临选题困难的硕士生、博士生提高研究、学习的效率，让他们可以节约文献调研的时间，了解学科领域的研究进展，确定自己的研究方向。

4.为科研人员提供学术共享环境

高校科研人员在长期的科研活动中，通过观测、探测、试验、调查等科学手段积累了大量的科学数据，这是高校宝贵的数据财富。图书馆有义务整理这方面的数据，同时利用科研人员相同或类似的资源需求，为相同学科或研究方向的科研人员构建虚拟社区，形成学术交流圈，共享科研数据，创造良好的学术共享环境。

（二）大数据时代高校图书馆的定位

大数据的应用将为图书馆大规模数据处理、数据分析、资源整合、开展个性化服务、提升服务能力和服务水平提供新的思路和方案。我国图书界学者已从不同的视角对大数据与图书馆的相关问题进行了研究，这对于推动大数据在图书馆的应用、提升图书馆的服务品质有着较大的理论价值和现实意义。同时还要关注大数据视角下的图书馆定位及新动向。

1.图书馆的业务与服务重点应向上游转移

不管是传统图书馆还是数字图书馆，从资源的利用流向来看，图书馆的业务与服务重点均在下游。然而在大数据时代，图书馆用户服务并不仅仅依靠结构化数据，还可能依靠大量的非结构化数据和半结构化数据，如用户的信息查询行为、阅读习惯等，通过数据挖掘、数据分析等方法为用户提供有针对性的个性化服务。因此，数据的收集、存储、分析、处理将成为图书馆的主要业务，即通过大数据的某些关键技术将海量的复杂数据进行协同处理，再通过数据挖掘、可视化分析等形成具有情报价值和决策参考价值的服务信息提供给用户，以便用户通过图书馆获得准确、及时、有效的信息知识。

2. 图书馆应是一个完整的网络体系

大数据技术对于图书馆的价值所在便是其在用户服务中的应用，目前讨论最多的是数据分析、数据处理和数据服务，而这些技术的实现则需要充足、大量的数据支持。因此，在大数据时代，图书馆应借助于可能产生对象用户数据的多个图书馆的数据支持，甚至还需要借助包括商业中心、社会服务中心、娱乐中心和工作空间等在内的信息中心的数据支撑。只有图书馆间形成协调工作的有机网络体系，才能真正实现数据的共知共享，最大限度地满足用户需求。

第五章　互联网视域下高校图书数字化服务平台的建设与管理

第一节　信息服务建设内容与结构

一、信息服务建设的内容

(一) 资讯中心信息服务的分类和内容

资讯中心开展的信息服务就是以知识为核心的服务。信息服务活动一般可分为知识服务主要活动和知识服务辅助活动两类。知识服务主要活动的机理特征表现为知识管理、知识转化、知识服务；知识服务辅助活动的机理特征表现为组织管理、质量管理、环境管理。各类信息服务活动在资讯中心对外服务过程中都以不同的方式发挥着重要作用。

知识服务主要活动的机理特征是影响知识服务平台构建的关键因素。图书馆资讯中心数字化服务平台是围绕工作人员面向校外企事业单位和居民进行知识挖掘、处理、转化、存储、传递的管理界面，是校外企事业单位以及居民用户进行信息获取、交流、利用、创新共享的操作系统，是将知识融入服务的多层次、多功能的管理服务体系。数字化服务平台是直接影响知识服务活动的技术支撑，也是图书馆服务系统功能实现的关键。图书馆想要提升知识服务能力、为用户提供理想的知识服务环境和服务成果，就必须深入研究和分析知识服务主要活动的机理特征，优化构建知识服务平台，创建一个先进、开放、有序、动态和高效的知识存取、交流和共享的空间。

信息需求是资讯中心面向企业和居民开展信息服务工作的基础，企业和居民信息需求的内容和特点是资讯中心对外信息服务工作的指导和依据，尤其在面向开发区各企业园区和企业服务时，了解企业信息需求显得十分重要。总结起来，企业的信息需求主要包括国家或地区相关政策及法律法规需求、企业竞争情报需求、企业动态信息需求、金融信息需求、专利信息需求。

（二）国家或地区相关政策及法律法规

国家或地区有关的政策法规是企业发展的推动者，尤其是不同国家和地区对企业的各种优惠政策。企业对国家或地区政策和法规的信息需求包括国家或地区的产业结构及布局信息、产业组织政策及技术政策信息、企业科技创新政策的改革动态、科技创新的优惠政策、相关标准文献信息、知识产权政策、价格政策以及企业法规等。国家或地区的相关政策及法律法规信息具有较强的权威性。因此，资讯中心在企业信息服务中一定要注重信息源的可靠性和权威性，以便及时准确地为企业提供相关国家或地区的政策和法律法规。

（三）企业竞争情报

竞争情报是企业为赢得竞争优势，通过合法合理手段开展的与竞争环境、竞争对手以及竞争策略相关的经营活动的总和。竞争情报对企业具有强大的环境监测功能、市场预警功能、技术跟踪功能、策略制定功能和商业秘密保护功能。因此，企业界对竞争情报信息的重视程度越来越高，企业竞争情报服务也成为资讯中心面向企业提供信息服务的重要内容。然而，竞争情报信息具有很强的隐蔽性和零散性，这无疑给资讯中心的企业竞争情报服务工作增加了难度，要求资讯中心加强对竞争情报的识别、加工和处理，提高企业竞争情报的收集、分析和加工能力，保障企业竞争情报需求。

（四）行业动态信息

行业动态信息是有关企业本行业或相关行业的科研状况和发展趋向的真实需求反映，是企业进行再生产和进行技术创新的参考和依据。企业的行业动态信息需求包括：国内外相关行业的相关技术发展的现状及趋势；本行业内新产品、新工艺、新技术、新材料及新设备的引进与改进状况和技术标准；国内外相关的科技会议、产品展览会、相近行业取得的科研成果以及所达到的技术水平。这些信息经过高度浓缩和提炼，具有较强的新颖性、综合性、专业性、针对性和实用性。资讯中心在信息服务中需要充分考虑企业对于行业动态信息需求的特点。

（五）金融信息

企业生产中原材料的购买、技术和设备的引进以及人才的吸纳等都需要大量的资金做保障。因此，企业对金融信息的把握便成为其生产管理活动中不可缺少的重要一环。企业对金融信息的需求包括与企业有关的国家的税收和附加税、银行的科技贷款、风险资金的规模与投向、企业创新活动中的金融支持、企业内部的财务及国际经贸信息等。这些信息广泛分布于银行、风险投资公司、企业及其他领域，具有较强的零散性和广泛性。资讯中心需要及时地跟踪分析，从中获取有价值的、最新的金融信息服务于企业。

（六）专利信息

资讯中心通过企业专利信息服务，加快企业对相关的专利信息的应用，及时了解最新科研成果信息，以帮助企业解决技术难题，加快创新步伐，提高创新效率。另外，企业通过资讯中心专利信息服务还可以及时了解企业的创新是否涉及别人的知识产权、关注国内外已经公开的在研科技项目是否对自己构成威胁等，以免陷入不必要的产权纠纷，以更好地保护企业自身的专利。

二、信息服务建设的结构

该结构是以分布式网络和计算机环境为技术基础，基于多元化资源，围绕企业信息活动和信息服务平台来组织、集成、嵌入信息资源和服务，通过个性化定制、主动推送、自助式服务等方式主动地为企业提供文献信息服务、个性化服务和知识化服务，支持企业自主处理信息、提炼知识、交流协作和解决现实问题，动态地满足企业信息需求。

从信息生产的角度考虑，资讯中心利用信息化手段为企业提供信息服务，其过程涉及信息采集与获取、信息抓取、信息加工与处理、信息存储、信息传递与推送等流程，方便资讯中心成员组织、整理、存储和利用各类相关的数字信息资源，快捷有效地为企业提供其生产研究所需的一系列信息管理服务和资讯内容，包括相关的行业、企业新闻动态、科研论文、科技动态分析、企业专利信息等。

1. 文献服务

文献的借阅、查询和传递主要是指资讯中心的馆藏资源的借阅、查询和传递服务，包括图书、期刊、报纸等纸质型和电子型资源。企业通过高校图书馆的信息服务平台能够实现对纸质型和电子型资源的借、还服务，满足企业对纸质型和电子型的馆藏资源的信息需求。

2. 企业剪报服务

企业剪报服务主要是指资讯中心通过把分散于各种报纸的专题信息，经过剪辑，汇集在一起并传递给企业的一种方法。企业剪报服务是由高校图书馆的剪报工作人员对大量报刊资料进行浏览、分析、归纳、整理、确定专题，再通过剪贴、复印、扫描等加工手段，编辑成具有一定价值的专题信息资料册，提供给企业，供其浏览学习。

3. 企业审题信息服务

企业审题信息服务是资讯中心专业的企业咨询人员为社会企业的个人和团体提供的一种有偿信息服务形式。这种服务形式是由专业的企业咨询人员在深入细致的企业研究和课题研究的基础上，针对企业的咨询目标和潜在的信息需求，提出文献检索编制方案，并在企业的认可下，在一定的时间内，进行全部的信息收集、整理与编制加工工作，最终提供一套符合实际企业信息需求的情报产品。

4. 企业定题服务

企业定题服务是资讯中心根据企业信息需求，一次性或定期不断地将符合需求的最新信息传送给企业的服务。也是指资讯中心根据企业信息需求，通过对信息的收集、筛选、整理，并定期或不定期地提供给企业，直至协助企业完成课题的一种连续性的服务。资讯中心面向企业的定题服务是情报检索的引申，是一种特殊形式的检索服务。其特点是具有主动性、针对性、有效性。

5. 企业科技查新服务

企业科技查新服务是资讯中心面向企业开展的文献检索和情报调研相结合的情报研究工作，它以文献为基础，以文献检索和情报调研为手段，以检出结果为依据，通过综合分析对查新项目的新颖性进行情报学审查，并写出有依据、有分析、有对比、有结论的查新报告。也就是说，科技查新是以通过检出文献的客观事实来对项目的新颖性做出结论。因此，科技查新有较严格的年限、范围和程序规定，有查全、查准的严格要求，要求给出明确的结论，查新结论具有客观性和鉴证性，但不是全面的成果评审结论。这些都是单纯的文献检索所不具备的，也有别于专家评审。

6. 企业竞争情报服务

资讯中心面向企业的竞争情报服务就是专指资讯中心面向企业提供的竞争情报产品和过程的服务。企业服务过程包括对竞争信息的收集和分析；产品包括由此形成的情报和谋略。

7. 企业专利信息服务及标准服务

企业专利信息服务是资讯中心面向企业开展的与专利相关的信息服务，主要包括专利信息的查询和检索。专利信息的查询主要是针对专利文献信息的查询。专利检索是高校通过专业的专利数据库，如 STN 和 DIALOG 等，帮助企业检索所需的专利信息，检索结果通常具有准确度高、分析深入的特点。标准服务是为企业提供有关产品生产、销售以及技术等相关的国家、技术、专利等的标准服务，包括国家标准、国际标准、行业标准、企业标准等。

8.企业参考咨询服务

资讯中心的企业参考咨询服务大致可分为两种类型，一种是传统参考咨询服务，是以资讯中心咨询馆员和馆藏资源为中心、以纸质文献为基础、以手工操作为主要工作手段、以参考咨询台或参考工具书室和信息检索室等为服务场地、以到馆读者为主要服务对象；另一种是数字参考咨询服务，以用户为中心、以数字化电子文献为基础、以计算机网络操作为主要工作手段、以资讯中心网站或虚拟咨询网站为服务平台、以通过网络利用本馆资源的一切用户为服务对象。网络环境极大地拓展资讯中心企业咨询服务的范围和内容。从咨询范围看，数字化环境的形成使得教育培训服务、定题和专题服务、馆际互借与文献传递等都融入了企业参考咨询服务的范围；从咨询内容看，各种信息技术的利用使得企业参考咨询服务的内容向深度发展，由提供文献咨询转向提供信息咨询和知识咨询。

数字化咨询是资讯中心传统参考咨询在网络环境下的延伸与发展。各种网上咨询既独立存在又相辅相成，共同构成数字参考咨询服务体系。

9. 企业商业经济信息检索服务

企业商业经济信息检索服务是在资讯中心信息检索服务的基础上发展起来的面向企业的信息服务内容之一。随着市场竞争环境变得越来越激烈，企业需要的信息越来越深层次化和专业化。传统的资讯中心的信息检索服务已经不能满足企业商业经济信息的需求，资讯中心需要通过信息检索服务生产出附加值更高的商业经济信息，以满足企业深层次的商业经济信息需求。

10. 企业战略决策咨询服务

战略决策是企业战略管理中极为重要的环节，起着承前启后的枢纽作用。企业的战略决策咨询服务是资讯中心通过综合企业各项信息确定企业发展战略及相关方案的咨询服务活动。在企业战略决策咨询服务过程中的战略实施则是更详细地分解展开各项战略部署，实现企业战略决策意图和目标。

第二节 数字化服务平台内容及规划

一、数字化服务平台内容

在资讯中心信息服务平台中,与企业关系最密切的要素包括服务产品、服务提供者、服务的技术或手段、服务策略与方式等。企业信息服务将从企业利用信息活动的全过程及企业复杂信息活动的角度重新审视资讯中心企业信息服务系统的功能,充分注意到资讯中心企业信息服务系统中各个要素间的合理配置。

当前,先进的全媒体技术、通信技术、网络技术、数字技术正在从根本上影响着图书馆知识服务活动的机理。优化构建一个智能、高效、可靠、安全的,适应知识服务活动机理的知识服务平台,是图书馆所面临的重要课题。知识服务平台是图书馆知识服务的基石,必须优化构建。它的功能模块可以包括知识采集平台、知识处理平台、知识存储平台、信息分类与检索平台以及信息传递平台。

（一）知识采集平台

知识采集平台的主要任务是采用现代挖掘技术多途径获取信息，并对不同来源、不同表现形式的信息在统一标准平台上进行加工、链接与处理。通过互联网挖掘技术，不仅可以获取相关信息，还可以对这些信息进行智能化抽取、转换、分析和模型化处理，挖掘出新颖的、有效的显性知识，并能够通过分析、提取、重组、整合等获得隐性知识。互联网挖掘技术能够对信息内容进行深层次的分析与加工，向用户提供能够用于科学研究、解决问题的规则和模式。这是图书馆信息服务的发展趋势。

（二）知识处理平台

知识处理平台的主要任务是将采集到的信息进行知识化处理，形成系统容易存取的模式，并存放于知识库中。由于知识表现形式的复杂性，需要重新进行整理、编码、存储，建立相关知识条目的逻辑链接关系，以实现快速搜索和存取。知识被编织成各种关系模式，再依次经过组织与重组，变成关联化与类别化的动态知识组合模块，并对其进行描述、评价、揭示、类聚和链接后，形成相互关联的知识集合，即知识库。知识库是结构合理、类型齐全、相互依存、相互补充的知识资源保障体系，是一个知识资源管理与服务的系统。为了保证知识库得到良性发展，就需要重点考虑上缴机制、管理维护、质量控制等长期运行机制及知识产权保护等问题。

（三）知识存储平台

知识存储平台的主要任务是将知识库的信息分析过滤，转化为结构化的动态关联知识模块，并存放于知识仓库。知识仓库不同于一般的知识库。它是按某种特定的知识结构将无序信息加以组织整合而成的，具有强大的使用功能。知识仓库能够根据用户的知识需要，按照使用日创建新的知识体系，体现了知识的创新过程。在帮助用户使用知识方面，知识仓库要比知识库更有效率。有效地使用知识仓库技术可以使知识有序化与关联化，方便知识检索，加速知识流动。将知识挖掘技术与知识仓库技术有机结合，从而提高知识获取过程中的演绎和推理能力。

（四）统一检索平台

构建统一检索平台就是要求将图书馆所购买的所有中文数据库通过一个web检索平台进行发布和检索，该平台已集成了图书馆的所有中文数据库。读者在图书馆查阅中文电子数据库时只要登录该平台，进行一次检索就可得到所购买的所有中文电子数据库的信息。一方面，使读者从纷繁复杂的数据库检索中得以解脱出来，不再需要去适应每个数据库的检索界面和检索要求，更重要的是读者不用在每个数据库中来回检索和管理了，从而将更多的时间用于科研和工作学习中，极大地满足了读者的需求。另一方面，也大大减轻了图书馆在数据库资源培训方面的压力。统一检索平台所带来的高质量的数字化资源是有效地进行数字化学习的重要保障。

（五）知识传递平台

知识传递平台是实现知识浏览、知识传送及知识创造等功能的服务系统。该平台将特定用户的知识需求传递给知识存储系统，再根据用户的需求对知识内容进行动态地和连续性地组织，并将知识传递给用户。用户可以在传递平台上相互交流与探讨，实现显性知识和隐性知识的共享，从而达到知识价值递增效应。推送技术和智能代理技术是知识传递的重要手段。推送技术是指在指定时间内把用户选定的数据自动推送给用户的信息发布技术，其主要模式有频道式推送技术、邮件式推送技术、网页式推送技术、智能软件式推送技术等；智能代理技术能够根据用户的需求，代替用户进行各种复杂的工作，如信息的查询、筛选与管理等。

二、数字化服务平台规划

面向企业的开放式文献信息服务是指在资讯中心提供的企业信息服务设施或服务终端以及资讯中心信息服务平台上进行的企业的文献信息获取和利用活动。企业可以自主、自动地获得文献信息服务，保证平台服务策略和服务内容具有较强的针对性。

（一）平台构建

在资讯中心开放的物理环境和虚拟的网络环境下，资讯中心通过建设文献资源服务体系、服务内容和服务策略实现企业文献信息服务。资讯中心的主要工作是以信息资源管理与服务平台的建设、提供与维护为任务，给企业提供文献信息获取中解决问题的工具、策略、方法来引导企业的文献信息活动。

（二）平台服务内容

面向企业的资讯中心文献信息服务平台主要服务内容包括传统的图书借阅服务、期刊借阅服务、复制服务，以及数字图书馆信息服务实践中的电子图书阅览服务、信息检索服务、电子公告板服务、信息推送服务、文件传送服务、数字参考咨询等服务项目。

　　面向企业的开放式文献信息服务平台是资讯中心信息服务创新的重要平台之一。该平台通过构建开放式的服务环境，实现资讯中心文献信息服务内容和项目的无差别的共享，具有很强的开放性和自主性。目前，资讯中心开放式文献信息服务的内容和范围还不够深入，资讯中心建立一个完整且具有特色的服务体系还需要努力，而且随着企业信息需求变化和资讯中心业务流程的重构，开放式文献信息服务还需要不断升级为更高层次的服务。资讯中心开展企业个性化信息服务平台的优势在于能根据企业信息使用的习惯，通过企业特征的提取和分析，发现企业信息需求，主动组织馆藏资源，创建面向企业的个性化的服务平台和环境，向企业提供信息服务。企业个性化信息服务平台能够在满足企业信息需求的同时，分析并引导企业的信息需求，帮助企业发现并挖掘其潜在的信息需求。因此，构建面向企业的个性化信息服务平台是资讯中心开展企业信息服务的重要举措。

第三节 面向企业的个性化信息服务平台构建

资讯中心企业个性化信息服务平台以满足企业的信息需求为目的，是培养企业个性、表现企业个性的服务平台。平台主要实施措施包括企业信息服务定制、企业信息推送服务、垂直门户、企业智能代理、企业级 My Library、企业呼叫中心等。

一、面向企业的个性化信息服务平台的特点

面向企业的资讯中心个性化信息服务平台包括两个方面的特点：①企业根据自身需求在资讯中心个性化信息服务平台定制所需的资源、信息和服务；②资讯中心个性化信息服务平台针对企业的个性和特点，主动为企业选择并传递资源、信息等动态信息。在企业个性化信息服务平台上，企业的认可是平台的出发点，主动服务是平台的基本模式，双向沟通是平台的成功要因。平台通过建立面向企业的个性化服务机制与企业进行零距离的双向交流、互动，设计企业所期望的个性化信息服务模型，既

可实现企业当前的明确的需求，又能满足企业未来一段时间的、潜在的信息需求。企业个性化信息服务具有以下特点：

（一）以满足企业个性化信息需求为目的的主动服务

面向企业的资讯中心个性化信息服务平台是一种能够满足企业个性化信息需求的主动服务，以企业为中心的服务。平台通过对企业个性、使用习惯的分析，提取企业信息使用的特征，主动向企业提供其可能需要的信息，实现信息推荐服务；平台能帮助资讯中心发现企业个体的个性，并针对不同的企业个性主动采用不同的个性化服务策略，设计适合企业行业信息需求特点的个性化信息服务，帮助企业定制个人服务，提高服务效率和服务质量，从而使企业的个性化需求得到最大限度的满足。

（二）以现代网络信息技术为支撑的网络服务

面向企业的资讯中心个性化信息服务平台是以现代网络信息技术为支撑的网络服务平台。计算机和网络技术在资讯中心的应用，使企业信息服务系统具有可定制性、共享性、集成性和高效安全等特点，平台能根据企业需要，提供定制的信息资源，并使用安全认证技术保护企业的隐私和信息使用安全。目前，个性化信息服务平台所需的支撑技术主要包括智能代理技术、数据推送技术、过程跟踪技术、网页动态生成技术、web 数据库技术、数据加密技术、安全身份认证技术等。

（三）人性化信息服务

面向企业的资讯中心个性化信息服务平台是人性化的信息服务。平台信息服务是一种"企业需要什么，资讯中心就提供什么"的服务，体现了以人为本的服务思想。企业信息化的发展，计算机技术和网络技术的应用，使企业的信息需求更加专业化和个性化，这就要求资讯中心在开展企业信息服务时，必须围绕企业的需求展开，以企业的特性和需求为中心，为其单独设计或让企业根据自己的喜好去选择和组配，从而在为众多企业服务的同时，能够根据企业特点，提供一对一的服务，满足企业个性化信息需求。

（四）交互式信息服务

面向企业的资讯中心个性化信息服务平台是交互式的服务。面对信息量庞大、信息类型复杂、格式多样的信息资源，许多企业往往缺乏信息检索和信息资源管理与开发的能力和经验，平台能实现企业和资讯中心之间的双向沟通。在资讯中心主动提供服务的同时，企业可以依据其行业特点、产品的特性、市场的特点等提出自己的信息需求。资讯中心和企业形成信息的交互，能够更高效地开展信息服务。

二、面向企业的个性化信息服务内容

（一）企业信息服务定制

企业信息服务定制是指企业通过面向企业的资讯中心个性化信息服务平台进行的界面定制、个性化信息服务内容定制和个性化信息检索定制服务，其目的是开发资讯中心信息资源和扩展资讯中心个性化信息服务。企业个性化的信息服务界面和内容的定制是指企业可以通过资讯中心的个性化信息服务平台定制服务界面和内容。企业可以根据自己的需求和目的，选择定制页面服务的显示方式，包括界面的布局、显示的颜色、显示内容的排序方式，而内容包括信息的资源类型、选取特定的系统服务功能等。这样企业可以决定高校图书馆个性化信息服务平台网页提供信息的主题内容、资源类型以及相关服务等。

个性化信息检索定制是指企业在数据库检索查询中，不同的企业由于其检索知识和所处的领域不同，其习惯往往也不同。有的会使用简单检索，而企业专业的技术研究人员会习惯使用高级检索。另外，不同的行业、不同性质的企业可能用不同的词汇表达同一概念，或者使用很专业的词汇作为检索对象，不同企业对检索结果的选取原则和排序方法也可能不同。这些正是企业个性化的显著表现。

因此，资讯中心个性化的信息服务平台的检索定制需要充分支持不同企业在检索策略、检索方法和检索结果处理上的个性化。资讯中心的检索定制服务包括个人检索模板定制、检索工具定制、检索式表达方式定制、个人词表定制、检索结果处理定制、检索历史分析定制。

（二）企业信息推送服务

利用推送技术发展起来的企业信息推送服务是资讯中心面向企业开展个性化信息服务的重要服务措施。信息推送服务是个性化主动信息服务，可直接把用户感兴趣的信息送给用户，无须用户索取。面向企业的信息推送服务是指利用推送技术，按照企业指定的时间间隔或根据企业的服务请求把企业选定的信息、数据或者服务自动推送给企业。目前，信息推送服务一般来说可分为两类：①借助电子邮箱并依赖于人工参与的信息推送服务；②由智能软件完成的全自动化的信息推送服务。推送方式主要有四种：基于频道的推送、基于邮件的推送、基于网页的推送和专用式推送。资讯中心面向企业的信息推送服务的最大特点就是企业请求的一次性的输入，平台的推送服务系统就定期地、不间断地把企业请求相关的最新信息发送给企业。

（三）垂直门户

垂直门户是资讯中心面向企业的个性化信息服务平台针对某一特定企业和某一行业领域的企业的信息需求提供有一定深度的信息服务和相关服务。高校图书馆面向大众服务的综合型门户很难满足特定企业或者某一行业企业获取"少而精"专业相关信息的需求。而垂直门户可以把某一特定领域的企业的特定需求与一般企业的普通需求区分开来，从而提供个性化的高品质的信息服务。垂直门户的优势在于：具有查询信息的专深性、精品性等特点，便于开展特色化、个体化服务；能满足某类企业特定的需求，提供某个特定领域或者行业的内容和服务；通过整合网上特定的专题信息资源并对其进行筛选、过滤、加工挖掘，组织建立目录式索引，提供源站点地址，并附带专业搜索引擎，以满足企业特定信息需求；可提供高质量、可靠的内容，允许跨资源库的检索，还能提供共享的工作空间，跨平台的商业数据库入口，等等。

（四）智能代理

智能代理是资讯中心面向企业的个性化信息服务平台完成企业委托任务的计算机系统。智能代理不同于一般的普通软件，利用它可以快捷地在高校图书馆的数据库中寻找企业想要的信息，具有一定的推理能力，能比较准确地判断企业的需求，有针对性地提供信息、解决问题。智能代理作为一个独立的个体也能自主学习，并将企业的兴趣、爱好、习惯等信息直接转化为内部信息，存放在资讯中心知识库中，建立企业模型来指导资讯中心智能代理的决策，使之符合企业需求。智能代理通过各种通信协议和多个智能体进行信息交流，并通过协作和磋商来共同完成资讯中心企业信息服务复杂的任务。资讯中心智能代理由界面代理、通信协作代理、浏览代理、通知代理、监督代理、数据库管理代理、信息探测代理等功能模块构成。通过智能代理的信息导航、智能检索、动态个性化生成、管理信息库等功能来实现企业个性化信息服务。

（五）企业级 MyLibrary

在 20 世纪 90 年代末，英国、美国等地的资讯中心开发了一批有影响的 MyLibrary 个性化服务系统，开始了图书馆个性化集成信息服务系统的研究。《MyLibrary：个性化图书馆的实现》一书中认为：MyLibrary是以用户为核心、以个性化选择为界面的图书馆信息资源搜集方式，是根据用户个性特点进行的图书馆信息服务。《数字图书馆个性化服务方式综述》一书的作者认为，MyLibrary是一种个性化服务方式的具体应用，是当前开发应用较为成熟的图书馆个性化服务系统，也是完全个性化的私人信息空间。以MyLibrary为代表的图书馆信息服务模型是目前为止最具代表性和最成功的个性化信息服务实现方案。

从以上结论中可以得出这样的定义：企业级MyLibrary个性化信息服务系统是一个以企业为中心、可操作的、个性化收集并组织数字资源的企业个性化信息服务系统。企业级MyLibrary系统的个性化服务理念和服务系统是面向企业服务，提升了资讯中心信息服务的质量和服务的深度。

企业级MyLibrary个性化信息服务系统的目的是为企业创建基于资讯中心特定馆藏资源的个性化的资源与服务的门户。企业通过登录MyLibrary系统，选择信息资源，创建企业信息系统门户，对信息资源进行自我管理。

（六）企业呼叫中心

企业呼叫中心是一种专门提供一对一的用户个性化服务的系统，是基于计算机电话集成技术，充分利用通信网络、计算机网络的多功能集成的综合信息服务。它是现代企业开展客户服务、市场营销、技术支持和其他的特定商业活动而接收和发出呼叫的一个渠道。资讯中心建设企业呼叫中心，以便吸引企业通过电话、传真、拨号和访问网站等多种方式进入资讯中心，在企业呼叫中心通过自动语音导航或在服务人员的指导下访问资讯中心的数据库，资讯中心信息服务人员还可以直接回答企业的咨询问题，从而实现资讯中心企业信息服务项目。高校图书馆企业呼叫中心需要建立企业信息服务历史数据库，对企业信息进行统计分析并进行数据挖掘，定期自动地向企业发布新信息，为企业提供全天候个性化信息服务。

三、面向企业的个性化信息服务平台构建

（一）平台检查服务系统

面对企业个性化信息服务需求，资讯中心需要对本馆资源和网络信息资源进行一定的整合，按照企业信息需求和使用的

特点对资源进行一定的排序，建设企业信息服务的专题数据库；也可以针对企业群的信息需求特点，建设特色数据库，建设资讯中心企业个性化信息服务平台的信息检索服务系统。通过平台建立的兴趣关联知识库和企业的服务请求，就能及时、快速地在资讯中心的信息检索服务系统中检索服务内容，第一时间推送到企业。

（二）平台信息组织

平台信息组织是对平台检索服务系统检索出来的企业需求的信息进行组织和加工。检索服务系统检索出来的信息大多是无序的、大量的信息，甚至还有很多没有用的信息，这些信息必须经过资讯中心服务人员的信息组织才能形成有高附加值的、能直接服务于企业的信息或者情报。个性化信息服务平台的信息组织是建立在一系列的信息组织方法之上的。

（三）平台服务推荐

资讯中心通过对平台信息的组织，形成企业信息服务的资源库，并随时向企业进行资源推荐。

（四）平台服务内容

平台服务内容主要包括定题服务、科技查新服务、竞争情报服务、专利及技术标准服务、培训服务、行业政策法规服务等。

第四节　数字化服务平台使用的关键技术

一、信息采集技术

（一）传统知识资源的采集

传统知识资源的采集主要是指针对印刷版图书、期刊的采集行为。一般而言，在此类知识资源的采集中，各高校都是围绕高校评估的指挥棒而转动的。高校评估是促进高等教育发展的重要举措，同时也给高等学校图书馆的发展带来了机遇。以本科高校的评估指标为例，其对图书的规定是人均图书册数要达到一定的数量。但是，中小学校的合并、升格的新本科院校或高职院校，由于在合并之初图书馆资源较少，在此指标的要求下过分追求数量而忽视了图书期刊质量的要求，既要达标又要节约经费，不得不通过购买大量特价图书来补充资源库。但是，知识资源得不到利用才是最大的浪费，而且对于资源建设的连续性也是极大的冲击，造成图书、期刊的半衰期加快、资源使用有效性减少等问题。这一状况使图书馆的知识资源采集偏离了它的本来目标，即满足高校师生科研、教学、管理的需要，而变成了对符合评估指标的追求。因此，作者认为应将人均图书数这一评估指标与图书采购经费协调一致，将其变成既重投入又重质量。

（二）网络知识资源的采集

网络知识资源的采集是一个系统的工程，包含对于网络知识资源的收集、整合、加工、发布、反馈等流程。一般而言，图书馆都将其作为对于传统知识资源的补充，根据本馆知识资源的缺失做出调整。多采取浏览器、搜索引擎等信息技术分析采集，然后依据知识资源的学科类别进行标引，形成图书馆内部的数字资源，为科研教学服务。同时，还要为师生提供多元化的、系统的、便捷的知识查询和基于知识组织挖掘的知识服务。整合后的知识仓库中的数据是各异构数据资源的有机合成和关联存储，并不是数据简单的汇集和堆放。通过数据接口技术形成统一的操作平台,然后通过建立索引系统、网络发布系统等工具实现知识传播,能够为师生服务。

二、信息存储技术

信息化、网络化的发展,使数字文献在资讯中心文献资源服务中扮演着重要角色,数据库成为资讯中心数字文献资源的主要表现形式。资讯中心面向企业的信息服务需要加强数字化资源建设,首先需要对已有的资源进行整合,将不同类型、不同结构、不同环境、不同用法的各种数据库纳入统一的检索平台上,以便企业更方便、更高效地获取信息。

资讯中心要整合的数据库主要包括书目数据库、文摘数据库、全文数据库、电子期刊和电子图书数据库、网络数据库等。这些数据库分布在不同的服务器,由不同的信息服务公司和出版社提供或者是由各资讯中心自建,成为不同特性的数据库。其特征表现为:数据模型不同、数据结构不同、系统控制方式不同、计算机平台不同、通信协议不同、通信结构模式不同、操作系统和网络不同。资讯中心数据库的相关技术有通用网关接口技术、开放数据库互联技术、Java 数据库互联技术、ASP 技术和 JsP 技术、XML中间件技术等。资讯中心通过综合应用这些技术实现资源整合，进行数据库之间的连接和数据转换，接受企业对这些数据库的并行交叉访问和查询，实现查询结果的融合处理并反馈给企业。

三、信息分类与编码

信息分类与编码是根据信息内容或特征，将信息按照一定的原则和方法进行区分和归类，建立一定的分类系统和排列顺序，并用一种易于被计算机和人识别的符号体系表示出来的过程，也是合理地将信息对象数字化、符号化的过程。信息分类、编码的目的是促进各个异构数据源之间的数据共享和交换，从而有效地利用信息资源，提高整个应用系统的性能。企业级信息分类编码是在企业信息系统环境下，统一对整个企业范围内的信息进行分类与编码。而这种统一目标不是单一的，更多的是多个目标的综合。在企业信息化进程中，只有当基础信息按照一定的规律进行分类和编码，将其合理、有序地存入计算机，才能快速、有效地对它们进行存储、管理、检索分析、输出和交换。信息分类编码已经成为企业基础数据标准化建设与基础数据库数据组织、存储、管理和交换的基础。信息分类与编码是标准化的一个领域,目前已经发展成为一门学科,有自身的研究对象、研究内容和研究方法,也已经成为信息科学的一个重要分支。在工业社会中,信息分类与编码是提高劳动生产率和科学管理水平的重要手段。正如美国新兴管理学的开创者莫里斯·库克所说:"只有当我们学会了分类和编码,做好简化和标准化工作,才会出现任何真正的科学的管理。"在信息化时代,信息的标准化工作越来越重要,没有标准化就没有信息化,信息分类编码标准是信息标准中最基础的标准。

四、信息检索与推送

(一)信息检索

企业对于其需要的文献,总是希望在最短的时间内获得最全面的,这就需要资讯中心提供全文检索技术的支持。全文检索是指以全部文本信息作为检索对象的一种信息检索技术。该技术无须对文献进行标引即可实现文献的检索,是一种面向全文、提供全文的新型检索技术。该技术可以使用原文中任何一个有实际意义的字、词作为检索入口,且得到的检索结果是源文献而不是线索文献。全文检索系统具有全文数据库功能,具备逻辑检索、截词检索、字符串检索等功能,企业在检索信息中可以用自然语言检索并直接获得原文的检索系统。全文检索技术被广泛应用于资讯中心的各种全文数据库，使高校图书馆检索服务功能发生本质的变化，企业通过检索可以直接获得文献的全文。

（二）信息推送

信息推送是通过一定的协议或技术标准，在互联网上通过定期传送用户所需要的信息来减少信息过载的一项新技术。准确地说，它属于目前最新的第三代浏览器的核心技术，其关键是能够根据用户的需求，主动地将最新的信息分门别类地发送到相应的用户设备中，从而有效地改进人们获取信息的方式，较大地提高了互联网信息的使用效率。

传统的信息拉技术是通过统一资源定位符来进行信息资源定位的。在互联网上人们获取信息的方法是使用各种搜索引擎来查找各个服务器在网络中的定位符，再通过定位符去访问该服务器所提供的信息，同时使用定位符来定位信息资源。它把重点放在用户端，没有在"信源"与"信宿"之间找到标准化的沟通方案。如今，定位符这种信息资源定位方式，在响应时间、查全率、查准率等性能指标上都已不能满足用户的需求。因此，以拉技术为代表的信息获取模式已成为达到信息共享的技术瓶颈。

推送技术同传统的拉技术相比，最主要的区别在于推送技术是由服务器主动地向客户机发送信息，而拉技术则是由客户机主动地向服务器发出请求信息。推送技术的优势在于信息获取的主动性和及时性。在客户/服务器的应用程序中，推送技术能够向客户发送数据而无须其发出请求。推送技术所提供的服务通常是客户事先表达好喜好的信息，这就是所谓的订阅/发布模型。一个客户端可能"订阅"不同种类的信息"通道"，一旦在这些通道中有新的内容，服务器就会将信息推送到用户端。信息推进技术正在改变着人们在互联网上对信息的访问方式，它将用户主动地去搜寻信息变为被动、有目的地接收信息。推送技术不仅是一种单纯的信息提交的技术，它还能够把数据库中的数据、音频以及视频等信息捆绑起来，在防火墙内外向用户提供丰富的多媒体信息。

目前，信息推送的实现方式主要分为消息推送、代理推送、频道推送三种。其中消息推送是根据用户提交的需求信息，通过电子邮件系统或其他消息发送系统将有关信息发送到用户端。代理推送是使用代理服务器定期地或按照用户指定的时间间隔在网上搜寻用户感兴趣的信息，并将搜寻到的结果发送给用户。频道推送则需要提供一整套推送服务器、户端部件及开发工具等组成的集成应用环境，将收集到的信息形成频道内容后推送到用户端。

信息推送模式的主要优点在于及时性好、应用面广、对用户没有技术上的要求。目前，大多数的客户推送软件可以向用户提供最新的新闻订阅信息，而这一功能是以前任何浏览器程序都无法实现的。客户机推送软件可以对信息进行分类，并可实时地向用户发布最新的新闻订阅信息。客户机上的推送软件的操作方式是：当新的订阅信息内容可获得时，客户机便可自动被告之。大部分客户机推送软件是采用预约的模式，即这些客户机推送软件均按预定的时间间隔定时向提供信息的服务器进行询问，以查询当前是否有新的信息内容可以提供。

用户还可以选择对这些客户机软件的接口进行订制，以使它们所提供的信道成为专用信道，即令每一信道只传送某一指定信息提供商所提供的某一类指定信息。当新的信息需求被提交时，客户机推送软件将通过以下方式通知用户：通过发送电子邮件、播放一个提示声音提醒、显示一个图符，或弹出某一应用、通知单等来告知用户有新的信息到达。

（三）网络资源挖掘技术

资讯中心企业信息服务平台的网络资源是资讯中心信息资源的重要组成部分，而网络资源的鉴别、评价、收集、整理、组织、存储成为资讯中心开展信息服务的一项重要的工作。网络资源挖掘就是从大量的互联网文档集合中发现蕴藏的、有潜在应用价值的信息，这些信息具有网络资源信息量大且增速快、传播范围广但时效性差、信息发布自由且来源广泛、内容杂且质量不一等特点。资讯中心就需要借助数据挖掘的思想和方法，进行web挖掘，从数以亿计的web页面中挖掘出对用户有用的信息。web数据挖掘大致分为：内容挖掘、结构挖掘和用户使用记录挖掘三种。

通过web数据挖掘，提取网络资源中的有用知识建立资讯中心的网络资源知识库；对用户的访问行为、频度、内容等分析，得到关于企业访问行为和方式的知识，用以指导改进服务。通过对这些企业特征的理解和分析，可以有效推动个性化服务开展。web数据挖掘技术已经在资讯中心知识导航服务、个性化服务和数字参考咨询服务中被广泛应用并成为关键技术支撑之一。

（四）智能代理技术

智能代理由一个多智能代理系统组成，是一种智能性的、可进行高级复杂的自动处理的代理软件。它具有如下特征：

①代理性与自主性。可以在用户没有明确具体要求的情况下，根据用户需要，代替用户进行各种复杂的工作，如信息查询、筛选及管理，并能推测用户的意图，调整和执行工作计划。

②智能性与协作性。先进的智能代理彼此间能进行交流，共同执行单个智能代理软件所不能胜任的任务。例如，学习型智能代理作为一个独立的个体能自主学习，能与用户并行工作，并将用户的兴趣、爱好、习惯等信息直接转化为内部需要，存放在知识库中，建立用户模型来指导自己的决策，使之符合用户需求。

③移动性与异构性。智能代理技术更适应网络分布式要求，不仅可以减轻网络负载，提高效率，还可以异地自主运行，具有很强的应变能力，使系统运行达到最优化；用来解决低宽带和连接不稳定等问题，有利于提高信息服务与获取的能力。

同时，智能代理技术具有以下功能：

①管理个性化的信息代理库。主要是管理用户个人资料及其个人目录下的信息库。

②信息自动通知。它能根据用户的需求和环境的变化，主动

向用户报告并提供服务。当信息用户指定了特定的信息需求之后，智能代理能够自动探测到信息的变化和更新，进而将其下载到数据存储地存放起来，同时智能代理能将该信息自动地提示给用户。

③浏览导航。智能体具有一定的推理能力，能比较准确地揣测用户的意图，通过分析得到用户感兴趣的知识领域，并能向该信息用户推荐与该领域更密切的网络信息。

④智能搜索。根据信息用户的特定需求，进行信息过滤，为用户提供更精确的信息。

⑤生成动态个性化页面。智能代理能依据所存放的信息动态地生成网络页面，给信息用户提供一个适宜而友好的浏览界面。此外，智能代理还具有监督代理、协调与解决冲突等功能。

（五）知识仓库技术

资讯中心的知识仓库是一种特殊的信息库，库中的数据有相关的语境和经验参考。知识仓库技术是资讯中心知识信息服务重要的技术之一。在知识仓库中不仅存储着资讯中心的知识条目，而且还存储着与之相关的事件、知识使用记录、来源线索等相关信息。知识仓库能有效地帮助资讯中心开发知识，帮助企业利用知识，将资讯中心参考咨询服务中企业提出的问题、检索方案、解答及反馈等信息进行存储，并形成知识仓库，既可供企业检索利用，又可在参考馆员之间传递经验。

第六章　互联网视域下高校图书馆服务内容创新

第一节　互联网视域下高校图书馆资源共享服务

随着各种社交网络、物联网等新型技术的兴起，大数据时代的到来，学术界、工业界政府机构都开始关注大数据问题，人类已经进入了以深度挖掘数据价值为核心的大数据时代。人们可以通过对大数据之间的关系进行分析，得出准确的结论，从而做出科学的决策。同时，人们还可以通过分析海量数据来预测某件事情发生的可能性。高校图书馆拥有海量的数字资源优势，如果借助大数据发展，可以进一步推动数字资源建设，为用户提供更好的信息服务。为此，应探讨如何利用大数据思维和技术解决高校图书馆数字资源共享问题。

一、高校图书馆联盟的数字资源具有大数据特征

一是随着高校图书馆数字化建设的深入，单个高校图书馆的数字资源虽然不具备"大数据"的特征，但高校图书馆联盟的数字资源已经具有了"大数据"的特征。二是高校图书馆的数字资源总量在不断地增长，伴随着高校图书馆的数字资源用户的增加，高校图书馆对用户进行服务的信息也是在不断产生非结化数据，高校图书馆联盟的数字资源和服务信息产生的非结构化数据是个海量的数据集。三是随着信息技术的发展，用户对高校图书馆的数字资源的信息服务的要求也在不断提高，不再仅仅局限于对数字资源的查询、查找等一些常规的信息服务，而是转向更深层次地对数字资源的数据挖掘与数据分析。高校图书馆联盟必须根据用户的需求做出数字资源的信息服务策略的改变，以迎合用户对数字资源的信息服务要求。

二、大数据时代高校图书馆数字资源共享的优势

（一）数字资源优势

大数据的主旨思想是将分散的数字资源集中起来，从中进行

数据挖掘和分析，发挥其数据量大的作用。高校图书馆数字资源包括电子图书、电子期刊、各种数据库、音视频资源在内的海量数字资源。单个的高校图书馆的数字资源达不到大数据的标准，但对于高校图书馆联盟，大数据的范围是高校图书馆联盟的全部数字资源。在大数据时代，要对高校图书馆联盟的全部数据进行分析，利用云计算和可视化技术得出精确的结果，并预测未来发展趋势。

（二）海量数据产生的优势

用户对高校图书馆的数字资源的使用，会产生许多的交互数据，使得高校图书馆的非结构化数据快速增加。移动图书馆为高校图书馆的数字资源提供了基于移动网络平台的信息传输途径和服务渠道，同样，以微博为代表的个性化信息服务，都会产生大量的交互数据。将这些数字资源分布在不同的高校图书馆管理系统中，形态不同，组织方式各异。云计算技术突破了传统图书馆发展局限，通过云计算技术把这些数据集中起来，形成高校图书馆联盟大数据的数字资源体系。同时，云计算具有超强的数据处理能力，并具有对数字资源进行动态分配的能力。

（三）技术优势

云计算技术已在高校图书馆得到应用，而大数据的处理是以云计算技术为基础的。应用云计算技术中的虚拟化技术可屏蔽服务器、网络、存储等物理设备间的差异，可解决物理设备之间无法共享的问题。将高校图书馆联盟现有的硬件设备整合在一起，对硬件设备进行统一调配。利用云计算技术中的虚拟化技术将各高校图书馆的硬件设施都利用起来，降低了高校图书馆联盟的硬件建设成本，为实现数字资源共享提供硬件保障。借助云存储技术，将分散存储在不同高校图书馆的数字资源进行整合与存储，数字资源由云端统一存储和管理，同时，将用户需要的数据进行动态部署，加快了信息服务的进程。采用合理的网络协议，对云计算网络进行严格监控，并由高校图书馆联盟的技术管理人员进行统一管理、维护和监管，提升高校图书馆的数字资源的安全程度。

三、大数据时代高校图书馆数字资源共享问题解决策略

在大数据时代，要解决好高校图书馆数字资源共享问题，我们应探讨高校图书馆的数字资源共享的建设策略、运行策略和

安全策略。

(一) 大数据时代高校图书馆数字资源共享的建设策略

大数据共享建设是一项有规划和有可持续发展机制的系统化工程，必须要有良好的建设策略。为此，高校图书馆联盟要建立大数据管理机构，其功能主要有：①主要负责制定和发布大数据建设和数据共享细则、标准；②负责数据存储，以及处理数据版权事项等工作；③负责数据的管理、使用和分析等工作。同时，各高校图书馆设立大数据基层管理部门，这是大数据组织机构的基层管理单位，主要负责落实高校图书馆联盟数据管理机构对大数据的规划和要求，组织本图书馆完成基础数据的收集、录入、审核等工作。同时，在高校图书馆联盟数据管理机构指导下统一进行数字图书馆建设与管理，从而整体推进高校图书馆数字资源共享建设。

1. 技术架构层面

大数据技术是指从各种类型的大数据中，快速获得数据中有价值信息的技术。构建图书馆大数据技术架构，研究解决大数据采集、存储、处理、分析和应用等的相关问题。构建合理的大数据技术架构是基础性工作，也是整体性工作。大数据技术架构的第一层是大数据的采集工作,即对结构化、半结构化、非结构化数据的采集;大数据技术架构的第二层是大数据的存储工作,可以采用云存储、NOSQL、HBASE等技术对数据进行存储;大数据技术架构的第三层是大数据处理工作,即大数据的集成、数据建模、重复数据删除、数据加密、数据备份等工作;大数据技术架构的第四层即大数据的应用,包括信息检索、数据挖掘、数据可视化、学科化服务、知识服务等。

2. 建设统一的大数据平台

高校图书馆联盟要建设统一的大数据平台,对各高校现有的数字资源进行整合,进行统一的管理和调配。大数据平台数字资源的采集要充分利用云计算技术,整合各高校图书馆现有的网络、硬件设备和数字资源,初期对分散在各高校图书馆的数字资源的数据进行抽取和索引。数字资源存储在各高校图书馆,随后逐渐将数据存储集中到大数据平台,最终建立一个为各高校图书馆保存数字资源、数据查询、分析数据提供强大的云端平台。大数据平台采用面向服务的架构,将各类数字资源以按需获取、个性化定制的信息服务形式提交给用户,有助于解决高校图书馆数字资源建设中存在的诸如资源利用率低、信息孤岛、数据安全等问题，从而促进高校图书馆数字资源共享，为需要数据服务的用户提供信息服务。

（二）大数据时代高校图书馆数字资源共享的运行策略

1. 数据运行方面

数据是大数据平台的基础，数据的规范性、准确性以及及时性的更新，对高校图书馆数字资源共享大数据平台作用的发挥有着重要影响。所以，要建立制度化、系统化的数据维护规则，以确保数据来源、审核和使用的各个环节有序进行。

2. 技术运行方面

技术运行维护的对象主要是高校图书馆联盟数字资源的硬件设备、软件系统和数据保存。对硬件的采购，要制订性价比高的采购计划。在日常，要重视对硬件的维护，同时，建立灾害备份管理中心，以确保大数据平台运行安全可靠。软件系统方面，要对数据管理系统使用的友好性、管理数据的方便性、数据运行的快速性等进行及时评估，听取管理者和用户的反馈意见，以便对系统进行升级或更换，优化运行效率。数据保存维护方面，要注意数据存储与使用的合理匹配，保证数据存储的安全和快速，确保用户查询数据高效、准确。

3. 网络运行方面

在建立统一的高校图书馆联盟大数据平台的基础上，利用技术力量对网络进行维护，加强对大数据平台的网络管理，建立网络规划，避免因网络的重复建设，而导致人力、财力、物力的浪费。同时，建立网络监控技术系统，对网络运行中存在的问题可以及时发现、及时维护，避免因网络的问题而造成数据丢失或数据查询困难。

4. 绩效管理和评估反馈方面

建立绩效评估机制，对大数据平台的使用效果和情况定期进行评估，防止因各高校图书馆各自的利益而消极规避高校图书馆数字资源的共享，确保各高校图书馆的数字资源共享长期开展。因此，建立绩效评估机制也可调和各高校图书馆的利益矛盾。建立评估反馈制度，高校图书馆联盟管理机构要对大数据平台的数据使用情况和安全性进行监控，定期提出指导意见，并进行反馈。同时，大数据管理机构要收集各高校图书馆和用户对大数据平台的反馈意见，发现问题要及时研究，找出解决问题的方法，及时进行修正。

（三）大数据时代高校图书馆数字资源共享的安全策略

1. 数据的安全制度建设

在进行大数据平台建设时需要从国家层面制定数据的安全法规，对高校图书馆联盟数字资源共享安全进行法律保护。同时，对建设大数据平台标准的安全运行机制、数据标准等进行统一规定，越详细、操作性越强的规定，越能减少高校图书馆成员之间在沟通中产生的歧义，以便数据运行安全平稳。还要制定高校图书馆联盟数字资源安全检查的制度，从而对高校图书馆联盟的数字资源的保护有章可循，确保在制度上减少对高校图书馆联盟数字安全的漏洞。

2. 加强安全监控能力建设

加强日常对大数据平台运行情况的检测，对传输中的数据、正在运行的进程进行监控，共享的数字资源要定期进行安全扫描，确保运行状态安全。在建设高校图书馆联盟数字资源的大数据平台标准的前提下，对大数据平台的各高校图书馆的节点进行安全监控，如果某节点出现安全报警，就将发生问题的节点与整体进行隔离，确保大数据平台的主体安全。同时，要对大数据平台本身的安全监控数据进行整理和分析，如发现问题，则尽早采取相关处理措施。

3. 提高数据安全防范意识

重视保护和挖掘大数据价值的同时，高校图书馆联盟的数据管理人员要具有保护数字资源的敏感性和责任感的意识。高校图书馆联盟的数字资源是一座巨型的宝藏，通过挖掘分析可以对学科的发展方向进行分析、评估和预测，对学科建设和发展将产生巨大的作用。要加强数据管理人员安全素质培训，培养数据管理人员的安全的大局观和理念，只有具备数字资源的安全意识，才能全面推动高校图书馆数字资源共享建设的科学发展。

大数据技术可以忽略数据类型、时间和空间的限制，从而建立高校图书馆联盟数字资源共享，实现数字资源的联通和集中。同时，通过数字资源共享，大数据技术可以大大提高数字资源的价值。利用大数据技术建设高校图书馆联盟大数据平台，实现高校图书馆之间的数字资源的共享。在大数据时代，高校图书馆联盟数字资源共享建设应从三个方面进行：①建立一套完善的运行机制。大数据建设是一项系统工程，必须建立一整套的运行机制，以促进数字资源建设过程中各个环节的有序进行，并做好顶层设计，实现真正意义上的高校图书馆联盟数字资源的整合。②制定一套规范建设的标准。制定各类数据的规范建设标准，实现各类数字资源管理系统的网络互连，为高校图书馆联盟数字资源共享奠定基础。③搭建一个共享平台。有共享平台，才有数据流动和共享的舞台。通过建立大数据平台，将各类数据整合与集成，实现各高校的数字资源共享。

第二节 互展网视域下高校图书馆检索服务

一、高校图书馆检索技术及其优缺点

目前我国高校图书馆采用的检索技术主要有联机公共检索目录和联邦检索，现分别介绍如下：

（一）联机公共检索目录

联机公共检索目录的英文为"Online Public Access Catalog"又简称OPAC，它通过计算机终端查询图书馆书目数据资源，为读者提供馆藏文献的线索和获取馆藏文献的便利。最早的OPAC

系统出现在20世纪80年代，延续了传统图书馆卡片式目录的构建思路，提供与卡片式目录相同的记录内容、记录格式和检索途径。随着网络技术的飞速发展，目前广泛采用的OPAC是第二代，它在检索点和网络功能方面进行了改进。我们发现目前国内高校可供选择的OPAC的系统厂家有十几家，其中在我国"211工程"院校使用较多的主要有国内公司开发的Libsys、LAS和MELINETS以及国外的INNOPAC、ALEPH。

1. 联机公共检索目录的工作原理

OPAC的工作原理主要分为三个层次，图书馆馆藏书目源数据与电子资源元数据一起构成数据层；业务逻辑层构建在数据库系统与客户端之间，为每一数据源的MARC元数据建立统一的文档类型定义，并通过该类型定义将各数据源的元数据映射成全局XML文档视图来进行整合；客户端在OPAC的基础上，经过一定的扩充修改后实现统一检索功能。

我们以清华大学图书馆的INNOPAC为例。

该系统可查询清华大学图书馆收藏的中西文图书、日文图书、俄文图书、中西文期刊和1994年以后收藏的日文期刊、多媒体资源、大部分外文电子期刊、学位论文和中外文电子图书，以及 7 个专业图书馆及部分系图书馆的馆藏。它使用命令语句并包含菜单导向检索，增加了关键词检索，更多地为用户显示数据库记录中的有关主题信息，有的系统还使用词组进行检索。此外，该系统更注重用户界面的设计，为用户提供更多的功能。更加突出的是突破了书目数据的限制，引进了期刊题录、文摘及情报数据等。

2. 对联机公共检索目录的评价

OPAC 系统的应用对学术检索的作用是显著的。首先，OPAC 为读者检索馆藏资源提供了一个统一的界面；其次，OPAC 的应用促使读者养成利用网络查询资源的习惯；最后 OPAC 的机读目录格式为检索网络信息提供了可能。

当然，OPAC 也存在自身的局限，余金香和李书宁就认为 OPAC 发展中存在以下问题：第一，书目记录之间的关联性不强，用户不易辨别和理解检索结果之间的关系；第二，文献单元应该从形式层面提升到内容层面上；第三，检索问题：失败率偏高、耗时，扩展检索能力不强。2005 年，《对图书馆与信息资源的认知：给 OCLC 成员的报告》中提到：信息用户中"84% 的用户使用搜索引擎进行信息检索，1% 的人从图书馆网页上进行信息检索，只有10%的大学生认为，在通过搜索引擎找到图书馆网站后，图书馆的馆藏可以满足他们的信息需求"。由此看来，OPAC技术还需要进行进一步改进，以便更好地满足读者检索学术资源的需求。

（二）联邦检索

1.联邦检索的工作原理

联邦检索的工作原理是这样的：首先它为每个数据库创建资源描述框架，其次选择满足特定信息用户需求的检索数据库，将用户提问式转成适合所选数据库的检索格式，接下来合并检索结果，并按用户需求定制个性化的排序方式，将检索结果反馈给用户。

以 Metalib 系统为例，我们可以实现如下功能的检索：

第一，检索馆藏的纸质资源的电子目录；第二，检索图书馆购买的电子资源并提供全文链接；第三，检索 Google Scholar 等网络免费电子资源并直接反馈全文信息；第四，可以自定义不同资源，并进行整合检索；第五，读者在登录个人空间模块后，该系统能提供个人检索的书目记录文档，也能提供个性化数据库集合定制检索，以及提供定期检索提醒服务。

2. 对联邦检索的评价

联邦检索技术与联机公共检索目录的结合，让学术资源的整合检索更加便利，从而提高了学术资源的利用率。

虽然联邦检索系统具有自身的优势，但Webster认为该技术还是不能根本解决检索平台间日益增长的复杂性等问题。联邦检索在使用过程中仍会存在着一些无法克服的困难，主要有以下几点：①因在多个数据库中同时进行实时检索，这就导致了联邦检索的结果返回速度过慢；②读者必须通过图书馆的认证系统才能实现检索；③联邦检索并不能优化检索系统，其功能受制于本地数据库检索性能和搜索能力的局限。考虑到联邦检索技术功能的不足，陈家翠认为以元搜索为基础的知识发现系统是下一次学术资源检索发展的方向。

二、检索技术应用趋势

鉴于OPAC和联邦检索系统的不足，近年来，图书馆界一直在寻求一种数字资源的整合之道，为用户提供一个实现各类学术资源发现与获取的一站式解决方案，以提升用户利用资源的有效性与友好性。

发现服务系统将图书馆的所有资源和馆外学术资源纳入了统

一的架构和单一的索引体系，它事先为图书馆众多的本地和远程资源建立了一个集中索引仓储，用户通过一个类似谷歌的单一检索框检索这个仓储以实现资源的一站式检索，并且这些系统还会对检索结果进行有效的组织和揭示，以帮助用户发现最合适的资源，系统的稳定性方面也超越了所有以往的统一检索产品。因此它是高校图书馆学术资源深度整合和便捷获取的发展方向。

目前的发现系统主要采用两种系统架构：纯SaS（软件即服务）型和混合型。纯SaS型以Summon系统为代表，完全将元数据部署在云端，力求实现对于图书馆全部资源元数据的覆盖，并在此基础上构建一个完整统一的元数据索引。

混合型以Primo系统为代表，本馆馆藏和自建资源数据部署在本地，其他元数据部分则部署在云端，目的是以馆藏和自建资源补充目前元数据仓储中元数据覆盖的不足。

两种模式各有利弊，混合型模式能更好地和图书馆原有的OPAC系统进行整合，而纯SaS模式能减少图书馆对学术资源维护的成本。我们以清华大学图书馆的"水木搜索"（Primo系统）为例：

①在资源整合方面可以整合查询图书馆的各类馆藏资源，包

括实体资源和数字资源，涵盖了本地拥有的资源、远程存取资源、书目、全文等。

②在检索方式方面，Primo 提供了简单检索和高级检索两种模式，其中简单检索类似于谷歌的单一检索框，方便读者进行快速检索；高级检索则提供了四个检索字段限定栏，同时可以限定"资料型""语种"和"出版日期"等文献特征，同一字段内可以使用 AND、OR、NOT 进行逻辑检索，可使用半角双引号进行精确匹配，可使用截词符，不同检索条件间逻辑以 AND 逻辑连接，从而满足精确检索的需要。

③在检索结果提炼方面，提供了多样化的排序和分面分析功能。Primo 将检索结果按照相关度分值排序，与查询相关度最大的排在最前面，读者可以重新选择排序方式，然后按日期或流行程度排序；在分面分析方面，可以通过主题、文献类型、作者、出版来源和语种等多个角度来提炼结果。多样化的结果排序和分面分析为读者筛选文献提供了便捷的通道。

④在结果获取方面，提供资源的一站式获取。每条记录的简单浏览界面会显示获取链接，结果页面提供直接查看馆藏的借阅信息，提供已购电子资源的全文链接，并提供开放资源的 SFx

链接功能等。此外，该系统还整合了个性化显示和 Web2.0 的功能，结果页面会显示与检索主题相关的百科词条，显示图书封面、目次、书评，并将不同版本或多个分册的图书书目记录合并为一条记录显示；它可以让人们联机协作与共享信息，用户参与互动，用户可以为百科词条挑错，为记录增加标签、评论、打分，还可以发送检索结果至 EndNote 等。

当然，目前的发现服务系统也存在一系列问题，主要表现在：①国外的几大发现服务系统针对中文资源的目录签约度不高，导致了发现服务系统仅能访问少数中文资源；②并非所有资源都能实现全文检索；③现有的资源发现系统尚不能很好地揭示不同资源条目之间的复杂关系。

针对以上问题，目前发现提供商和图书馆采取了部分弥补措施，例如，针对中文资源的访问瓶颈，EDS 和南京大学联合开发了 Find+，利用国内的合作团队开发中文目录资源；而某些高校采取的办法是在引进国外发现服务系统的同时，购买国内的中文发现系统。以西安交通大学图书馆为例，该馆在引进国外 Summon 发现服务系统的同时，也购买了国内超星发现系统作为中文资源发现的补充。但由于版权的原因，要想实现所有资源的全文检索则是一个不可完成的任务。每个新的检索技术的采用并不是对先前技术的全盘否定或者抛弃，而是以原有技术为基础的改进和增加，它们之间是整合协同关系。高校的学术资源提供者应关注检索技术的发展，了解各种检索技术的优缺点，结合用户的切实需求和使用习惯，及时引进新技术，并科学引导用户对新技术进行利用，以达到高效利用学术资源的目的。

第三节 互联网视域下高校图书馆个性化信息服务

近年来，国内高校图书馆致力于个性化信息服务的开展，作为信息定向明确、服务针对性强、使用便捷的一种新兴服务模式，它的深入推广受到了高校师生的广泛好评。随着个性化信息服务的大范围推广，如何根据用户不断变化的信息需求情境，实时调整信息服务策略，更好地体现信息服务的"个性化"特征成为高校图书馆个性化信息服务发展亟待解决的问题。

一、个性化信息服务的发展瓶颈

感知用户真实的信息需求情境是开展个性化信息服务的前提。目前，在个性化信息服务过程中，各高校图书馆是通过问卷调查、网络访谈、电话咨询等来获知用户的信息需求，通过对获得的用户需求信息进行分析，进而由学科馆员或参考馆员针对相应的信息需求开展独具特色的相关服务。受用户不断变化的信息需求等因素的制约，传统的个性化信息服务模式存在明显不足。

（一）无从感知用户真实的信息情境

传统的个性化信息服务模式在获取用户信息需求时大都以问卷调查或访谈为主，这些传统的信息需求获取模式受问卷调查表设计缺陷、用户表达不清、担忧网络访谈泄露自身隐私等因素的限制，使得高校图书馆获取的用户信息需求往往存在一定偏差，在不真实的信息需求基础上开展个性化信息服务势必难以取得理想的效果。

（二）服务针对性较差

高校图书馆的服务对象主要是在校师生。受师生的教学进度、研究任务不断变化等相关因素的影响，个性化信息要取得良好的使用效益，必须及时根据用户不断变化的信息需求情境实时调整服务策略。然而受时间局限性、频繁沟通的不便等各种因素的制约，师生往往无法做到或不愿向图书馆员来反映自己已经变化了的信息需求，因无法实时感知用户变化了的信息需求，导致高校图书馆所提供的个性化信息服务与用户的信息需求存在严重脱节，服务针对性较差。

（三）个性化信息服务遭遇用户流失危机

互联网环境下成长起来的大学生，自身掌握了丰富的互联网使用经验，他们对图书馆的依赖性有所降低。受图书馆信息服务针对性不强、信息使用不便等因素影响，当有信息需求时他们首先想到的是百度、SNS 等途径而非求助图书馆。

二、个性化信息服务系统可行性

（一）丰富的数据来源

高校图书馆作为全校的信息资源中心，积累了海量的用户行为数据，如用户查询书目产生的 OPAC 日志，用户借还书所产生的借阅信息，用户浏览、下载电子资源所产生的电子数据库使用痕迹，用户在图书馆微博和公众号中留下的评语，用户访问图书馆论坛停留时间等。这些海量数据从侧面真实地反映了用户变化着的信息情境，通过对这些海量数据进行有针对性挖掘、分析，可真实反映用户当下的信息情境，进而为图书馆开展个性化信息服务提供决策参考。

（二）较易识别的目标群体

开展个性化信息服务，需实时跟踪用户不断变化的信息行为，分析用户的信息需求，进而实现精准定位的信息推送。获取用户的信息需求离不开实时的 web 数据挖掘，而 web 数据挖掘的难题之一是目标用户的身份识别。对高校图书馆个性化信息服务系统而言，目标群体具有明显的区分度，较易识别。目前高校图书馆的服务对象主要是在校师生，师生使用图书馆资源时，其信息均已在图书馆注册过，通过对师生的信息记录进行相应的识别，即可准确定位目标群体。此外，高校师生在校园内访问网络资源时，其电脑 IP 地址大都已经在校园网网络中心注册过，通过客户端的用户名及密码，可轻松实现目标用户的精准识别。

（三）用户信息需求的实时感知

用户的信息需求可以通过其相关的信息行为体现出来。对高校师生而言，当他们在教学、科研或学习方面有信息需求时，大都会通过图书馆或互联网等途径进行自我服务。在自我服务过程中，后台服务器能如实记录用户的信息行为数据，通过对这些数据的深入挖掘，用户实时的信息需求会显露。

三、个性化信息服务系统构建

（一）系统构建目标

大数据环境下构建高校图书馆个性化信息服务系统，其最终目的是通过对互联网上用户使用日志、会话信息、评论信息、搜索查询记录、图书馆使用记录等进行深入挖掘，实时感知用户变化着的信息需求，进而针对用户的真实信息情境开展有针对性的个性化信息服务。系统的构建目标为：在图书馆已有的信息服务平台及服务模式的基础上，整合来自不同数据仓库中的相关记录，通过 web 数据挖掘，感知用户实时的信息需求，并基于此开展有针对性的个性化信息服务。

（二）高校图书馆个性化信息服务系统模块功能

1. 数据集成模块

高校师生的信息行为数据分散地存储在图书馆不同的自动化系统中，数据集成模块用于将图书馆信息系统相关记录、学科化信息服务平台信息、电子资源使用记录、网络日志等多个数据源中的相关数据进行链接，将不同来源、不同格式、不同记录结构、不同含义特点的数据记录进行集中，为数据规范化处理做好准备工作。

2. 数据规范化处理模块

数据规范化处理模块用于对集成后数据进行规范化处理，以使数据符合数据挖掘相关算法的需要。数据规范化处理工作流程包括：

第一，合成记录。图书馆所使用的自动化系统由不同的软件开发商提供，因彼此之间缺乏沟通协调，导致各服务供应商的系统数据库中的数据字段的格式及含义各不相同。要想对用户的信息行为进行挖掘，就必须选取唯一标识用户的数据字段对来自不同系统的用户行为数据进行有机集合。

第二，数据规约。不同数据库或网络日志中的信息记录具有不同的标识及记录方法，比如读者信息库中的性别记录可能为"男"或"女"；而校园网络信息中心用户网络日志中的信息记录可能为"Male"或"Female"，而实际他们具有相同的含义。数据规约的功能用来对具有不同属性但含义相同的数据进行规范化处理，以达到降低数据歧义、提高数据分析准确性的目的。

第三，数据清理。经合成记录模块、数据规约模块处理后，同一用户在不同数据库中的记录被集中到了同一字段，这些字段值中有的是重复记录的，需要保留一个属性值，剔除重复属性值；有的部分数据不全，对于遗漏的数据信息，需要进行补充；有的数据有误，需要进行更正；有的部分数值为实数值，需要进行离散化处理。

第四，数据变换。不同的数据分析及数据挖掘算法对数据具有不同的要求，数据变换模块主要通过平滑聚集、数据概化等方式将数据转换成适合数据挖掘算法要求的数据形式。

3. 信息分析模块

高校师生有信息需求时，会通过三种途径加以解决。一是通过图书馆提供的相应服务；二是通过互联网搜索引擎进行信息搜索；三是通过移动互联网求助社交网站。用户使用图书馆信息服务时，图书馆大都通过一定的技术手段对用户的咨询内容、服务反馈等进行了如实记载，这些记录大都以规范的表格存储在相应的数据仓库中，属于结构化数据分析模块处理范畴；用户利用互联网进行信息搜索时，会在服务器日志文件中留下使用痕迹，对用户的网络信息行为进行相关分析，属于互联网日志分析模块功能范畴；用户使用移动互联网，利用虚拟人际关系进行信息求助时，其核心节点是人，而非网页，因此对于移动互联网日志，我们需要采取特殊的信息分析策略来进行有效分析。

第一，结构化信息分析模块。该模块主要对数据聚合、数据规范化处理后的数据进行数据挖掘操作，对数据挖掘后的相关数据进行聚类与分类处理。根据用户的信息行为，将用户细分为不同的数据粒度，以识别不同用户之间相似的信息行为及相同用户在不同时间段差异性的信息需求行为。

第二，互联网日志分析模块。互联网日志如实地记录了用户对 web 服务器的访问情况，通过对这些数据进行分析，可以快速、准确获知用户当前的信息需求。

第三，移动信息分析模块。随着智能手机终端、平板等各种移动设备的普及，高校师生通过移动终端获取信息资源已成常态，为改进服务方式，高校图书馆适时推出了微博、微信、掌上图书馆等服务模式，对这些服务模式中所积累的用户信息进行挖掘，对于个性化信息服务的开展具有重要意义。移动信息分析模块是对用户的移动互联网浏览信息进行挖掘，以获取用户的地理位置、兴趣点等信息行为特征，根据用户的兴趣点实现信息资源与用户移动终端的精确匹配。

4. 信息匹配模块

获知用户的实时信息需求后，高校图书馆工作人员在信息匹配模块中针对用户不同的信息需求，利用馆藏资源及互联网信息资源制定不同的信息服务策略，满足用户的个性化信息需求。

5. 信息推送模块

信息推送模块是对不同的用户进行有针对性的信息推送。系统提供三种信息推送模式，一是用户借阅相关书籍或使用电子资源时自动给用户推荐数据挖掘中发现的其他用户的信息选择结果，有针对性地推荐用户尚未发现的信息资源；二是当用户使用图书馆微博、微信、学科服务时，根据数据分析的结果，第一时间向用户进行相关信息推荐提示；三是根据用户的移动终端位置及终端类型，及时向用户推送其订阅的相关信息。

6.用户使用评价模块

通过大量的数据挖掘与分析，个性化信息服务系统发现了用户的行为意图，并向用户推送了相关信息。为了提高系统服务的精准度，用户在接收相关信息时，可以通过用户使用评价模块直接对接收的信息进行评价，系统自动将用户的评价信息存积后台的个性化信息服务库。个性化信息服务库中的信息积累可以为日后高校图书馆工作人员修正数据挖掘算法提供参考，以改进个性化信息服务系统的服务效果。

四、个性化信息服务系统应用

（一）用户隐私权可能受损

个性化信息服务系统通过对用户信息行为数据的集成、分析、聚类、分类等相应处理，发现数据之间隐藏着用户信息特质，为更好地获取用户信息，用户信息行为痕迹需要被系统实时地监控，无形中增加了用户隐私权受威胁和侵犯的概率。为保障用户的隐私权，在进行用户信息行为数据分析前，必须征得用户本人的同意，同时在数据分析前必须对涉及用户隐私的相关数据进行相应的数据清洗操作，删除与个性化信息服务无关的数据，最大程度上避免用户的隐私权受损。

（二）数据来源的限制

只有当用户的信息行为数据达到一定的存储规模并具有一定的数据耦合度时，才能通过个性化信息分析系统来进行数据的深度挖掘与分析，得到具有较高价值的用户信息需求特征。个性化信息服务系统的数据来源大部分局限于校园内，对于用户在校园外的信息行为数据，必须通过与电信服务运营商和移动服务提供商进行沟通协调方能获得。因此，数据来源的局限性，在一定程度上降低了用户信息行为特征识别的精准度。

第四节　互联网视域下高校图书馆嵌入式服务

现代信息社会及科学技术的不断发展，使得学科内的团队合作和学科间的交叉合作日益明显，对其综合化要求也越来越高。在具体研究中，对多学科文献资料的专业获取与综合分析成为研究常态。对以主要为院校师生科研、教学提供文献保障与文献信息服务的高校图书馆而言，这些趋势的显现，使得他们不得不思考如何顺应时代的要求，将图书馆服务的中心从以文献为中心转向以用户为中心，无缝地、动态地、互动地融入用户的科研过程中，以此为用户提供专业化、学科化的便捷服务。于是，嵌入式服务迅速地受到了国内外图书馆，特别是以为科研等提供信息保障的高校图书馆的青睐，得到了广泛应用。

一、高校图书馆嵌入式服务内容

自1993年米歇尔·鲍文斯第一次提出"嵌入式"概念，嵌入式逐渐在高校师生的教学科研信息服务中得到动态展现。21世纪，随着人们获取信息的网络化、数字化趋势愈加明显，嵌入式服务得到了长足发展，图书馆提供嵌入式服务已成为国内外近年来流行的一种主要信息服务模式，并得到国际图联、美国图书馆协会等图书馆组织的重视。

图书馆嵌入式服务是通过利用"藏"在图书馆的知识去服务用户，实现了由向用户提供信息能力到向用户提供知识能力的转变。因此在开展之初不少图情工作者就认为嵌入式服务将是未来高校图书馆信息服务的必然发展趋势。如美国嵌入式服务研究专家大卫·舒马克指出，从馆内的参考咨询服务向嵌入式服务的转变是非常必要的。这种认识的出现是因为用户有着不同的专业背景与学科需求，这使得高校图书馆员在日常的服务工作中不但对图书馆信息服务所需的信息检索、信息组织与信息分析等工作技能有着深厚的积累和历练，也对所面对用户的学科领域知识较为熟悉和了解，因而在学科服务上具有一定的优势。由于嵌入式服务能提高资源的利用率，提高用户的图书馆服务满意度，因此，全球范围的高校图书馆都根据自身学科优势和特点积极探索实践嵌入式服务，提倡学科馆员走出图书馆，为用户提供跨越时空的信息咨询、学科导航、课题跟踪、科学数据发现和管理等服务，以促使他们有机地融入师生的教学、科研和学习之中。

二、高校图书馆嵌入式服务实践

20世纪90年代，我国一些大学图书馆在借鉴国外嵌入式服务的基础上，开始尝试在教师的教学、科研项目中开展嵌入式服务。但当时由于受技术、资源及服务经验等多方的限制，开展的服务也大多是基于学科资源服务与推送提供的学科服务，还不能完全称之为嵌入式服务。自进入21世纪以来，我国高校图书馆才开始真正实践嵌入式服务。随着我国高校图书馆嵌入式服务的深入开展，使得嵌入式服务的方式、途径与模式也变得多种多样，我国已有学者将嵌入式服务的途径、模式等进行了总结与分类。笔者根据嵌入式服务的活动目的与过程不同，将其分为嵌入到师生科研项目活动中的服务、嵌入到日常教学活动中的服务、嵌入到日常学习和生活活动中的服务以及嵌入到政府与社会组织中的服务四种类型。

（一）嵌入到师生科研项目活动中的服务

嵌入到科研项目活动中的嵌入式服务是高校图书馆嵌入式服务的主要形式。具体是指高校图书馆利用自己的丰富资源与在信息获取等方面的专业服务优势，使图书馆员参与用户科研团队，从项目的选题、申报、研究、结题、成果评价和成果转化等各个环节提供全程式的知识信息服务。在科研过程中，图书馆员为科研人员提供研究背景、国内外研究现状等信息，定期或不定期提供同行的最新研究进展与学术动态信息，撰写专题调研报告、学科领域的技术热点报告，对科研机构及其国际国内竞争对象的研发实力、研发产出、未来研发趋势、市场竞争力等方面进行分析与评价。

（二）嵌入到日常教学活动中的服务

高校图书馆是学生的第二课堂，除提供信息资源外，为学生提供信息素养教育、提高学生的阅读兴趣与技能等也是其应有的职能之一。因此，图书馆除向科研团队等提供嵌入科研过程的服务之外，将服务嵌入到日常教学活动之中也是其嵌入式服务的一大主要组成部分。国内高校图书馆嵌入到日常教学活动之中的服务，主要是以图书馆员作为教学助手嵌入到用户课堂或者嵌入到网络教学平台（如 Blackboard、WebCT 等），有机地将信息素养与专业课程结合起来，把信息检索技能、信息意识和信息道德融入专业课程教学内容，通过专业教师与图书馆员的协作使学生掌握专业课程的基本知识，提高学生的信息素养能力，增强学生的自学能力和科研创新能力。

（三）嵌入到政府与社会组织中的服务

高校图书馆作为高校的文献信息中心，拥有丰富的专业资源，同时，图书馆员不仅具有信息检索、信息组织等专业服务素养，更是由于近年来高校图书馆在学科服务方面的开展与积累，使得图书馆员还具有较为深厚的专业学科知识，具有一般机构信息服务人员难以比拟的优势。因而高校图书馆在专业领域的信息服务方面还具有人才优势。随着高校图书馆面向社会开放的推进，高校图书馆不仅将文献资源、学习空间面向社会开放，还结合阵地服务，开展了诸如社会阅读推广等社会活动与服务，面向社会、企业、科研单位的嵌入式服务就是其中之一。

三、高校图书馆嵌入式服务发展趋势

（一）服务更注重用户体验，服务呈现立体化、常态化趋势

通过嵌入式服务，学科馆员将用户可能需要的信息知识推送到了用户的科研、学习与生活之中，由此可以看出，用户的信息知识获取是馆员根据用户的科研项目、学科背景、选题领域等分析基础上进行的信息推送，对用户来说是一种被动的信息接收过程。毫无疑问，这类针对性与专业性强、信息丰富的信息知识，对于用户来说是非常有价值的。不过用户的信息接收途径、时间等有差异，而图书馆完全按照自己的服务模式，去向用户提供已经设定了服务模式的数据产品，这会使用户无法在服务中反馈，这与图书馆服务理念是相悖的。因此，注重用户体验的嵌入式服务将是图书馆服务发展趋势之一。

（二）技术在服务中将发挥更大的作用

技术的产生、发展、运用总能推动着社会的进步，图书馆一直是善于运用信息技术的社会机构。从 20 世纪 70 年代的 MARC 到 20 世纪末的元数据，再到 21 世纪初的云计算、大数据，图书馆总能在探索中找到将它们应用于读者服务之中的方式、途径。现在已有了从最早的将学科馆员嵌入到科研团队、教师课堂等来为其提供相应的信息知识，到后来的通过用户的信息定制、互动会话来实现信息的嵌入推送服务。

第五节　互联网视域下高校图书馆知识服务

大数据时代，数据将成为社会资源的一部分被加以重视，基于数据的处理、分析、挖掘等服务都将被信息服务机构所应用，这对承载着知识存储、组织、开发与传播重任的图书馆及以文献信息分析为基础的图书馆咨询服务工作造成了强烈冲击，大数据为高校图书馆知识咨询带来新的机遇。

一、高校图书馆咨询服务新模式

（一）知识咨询服务：有别于传统咨询服务的创新型服务

知识咨询与参考咨询、信息咨询相比，在诸多方面均存在着差异。首先，从定义来看，知识咨询是针对用户在工作、学习、生活中的知识选择、吸收、利用需求，以图书馆员的图书馆学、情报学、信息学等专业知识为基础，利用先进的技术对相关信息进行提取、组织、优化，为用户决策与创新提供丰富的知识；参考咨询是图书馆员根据用户需求而进行的文献搜集、检索、揭示、传递并提供知识产品的过程；信息咨询则是向用户提供有关数据、资料的服务过程。其次，从服务的专业化、知识化水平来看，参考咨询和信息咨询都只限于所能提供的数据或信息，而知识咨询更在意是否能提供解决用户问题的知识。最后，从服务类型来看，知识咨询服务的提供方式可以参考咨询、信息咨询的服务提供方式，如将结构化（或标准化）文献信息、数据、线索提供给用户，或将进行了一定数据分析加工的知识产品提供给用户。但知识咨询服务更注重用户的专业化、知识化、个性化需求，提供解决用户实际问题的知识，以及与用户协同合作创造的知识服务和面向用户的知识管理等。

（二）大数据时代图书馆知识服务的主要方式与手段

大数据时代，信息资源的竞争力已不再是靠其所占的数量、范围等因素，而是在于信息资源服务的信息化、知识化和信息数据的分析与组织程度，以及知识的创新力竞争。产品和服务的最大价值的判断标准是其隐藏的信息与知识含量多少，提高产品的信息化、知识化，以寻求隐藏在事物表象背后的本质成为市场竞争的主要手段。图书馆界已敏锐地看到了社会的发展及服务的转变需求，由原来的资源依赖型服务、劳动密集型服务向知识服务、信息服务转变。21世纪初，国内外图书馆界在知识服务方面已进行了积极探索，到目前已形成了较为完整的图书馆知识服务体系，产生了大量个性化、专业化、团队化的创新服务途径与模式。

二、高校图书馆知识咨询服务新机遇

（一）大数据为知识咨询服务带来了更加专业的数据分析技术

信息时代大量信息数据的产生，使得方差分析、判别分析等数据分析理论得到了极大的应用与发展，图书情报服务机构将这些分析理论与信息技术如仿真模型、神经网络分析、web挖掘等有机结合运用到了机构网站链接、学科优势分析、影响力评估、可视化图谱绘制、科技发展态势监测、国家竞争力分析等领域。但具体分析这些技术和理论，会发现它们都是基于大量、有序的结构化数据，并不能从真实发生而又未被记录的数据中发现、挖掘更深、更多的隐含信息。大数据时代的到来则为这一难题提供了解决方案，从大容量、多类型的数据中获取的大数据技术架构将为数据分析业务带来更多的变化与支撑，如目前被广泛关注和应用的分布式系统基础架构Hadoop、非关系型数据库技术NOSQL等大数据技术。

（二）大数据为知识咨询服务带来了新的解决问题的思维方式

不管是信息咨询、参考咨询还是知识咨询，一般的服务思维都是出现问题—逻辑分析—找出因果关系—提出解决方案，使用户的问题得以成功解决，可称为逆向思维模式。而根据大数据战略，基于大数据的知识咨询流程是：收集数据—量化分析—找出相互关系—提出优化方案，使用户的问题解决方案从成功跃至卓越，可称为正向思维模式。这种解决问题的思维方式的变化将为图书馆的知识咨询服务带来发展机遇，也可引入其他服务。

（三）大数据为知识咨询服务提供了广阔的合作视野

知识咨询服务与信息咨询、参考咨询最大的区别就是知识咨询以用户需求为本，是解决用户疑问的知识服务。这种服务一方面需要以专业的知识组织、知识发现等素养去完成，另一方面也需要大量的相关信息、数据去支撑，而这些信息、数据的组成很可能是某一专业领域的，也可能是跨专业领域、多专业领域的；既可能是一个信息机构所拥有的，又可能是多个信息机构共同拥有的。这种特征在大数据时代将更加明显，这就为图书馆带来了一个巨大的发展机会。因为从微观上看，图书馆的数据资源随着这种特征的突显而更具优势；从宏观上看，数据更加开放、多学科的数据分析联系更为紧密，将为图书馆与专业性服务机构的多领域、高层次合作注入全新动力。

三、高校图书馆知识咨询服务驱动因素

（一）数据资源建设

鉴于目前图书馆的数据资源类型较为单一，特别是隐藏着巨大价值的非结构化数据收集几乎属于空白，因此图书馆在数据

资源的建设中，需特别重视非结构化数据的收集与丰富，以满足用户个性化、多样化的知识需求。只有将非结构化数据与结构化数据加以综合收集、分析，知识咨询服务才更能得到用户的认同，并创造出真正的价值。令人欣喜的是，国家图书馆正在进行新一期维修改造，建成之后的数字图书馆的非结构化数据存储量将达到800TB，这说明我国图书馆界已认识到大数据带给图书馆的价值与机遇，并已开始了数据的收集与整理工作。

（二）人才培养

英特尔中国研究院首席工程师吴甘沙认为大数据最为关键的部分就是数据分析和挖掘数据价值，这就需要对数学、统计学、机器学习等多方面知识的综合掌控。因此可以看出大数据时代图书馆知识咨询馆员除需具备传统咨询馆员的基本素养外，还需具备的首要素养就是能对数据做出预测性的、有价值的分析。图书馆知识咨询馆员既要了解所服务的用户学科背景，还要了解图书馆的相关服务知识，更要了解大数据技术的各个层面，以综合的视角制定切实可行的方案。

在人才培养途径上，目前有一些互联网公司已经意识到了大数据人才紧缺的问题，建立了专门的数据科学家团队，但对图书馆来说，与专业的数据处理公司和高校合作，通过人才委托培养等方式，使用成熟的产品和技术是更为现实的选择。另外，一些高校与企业联合开展的大数据教育模式，也为图书馆的大数据人才培养途径提供了借鉴。

大数据时代的到来及大量相关技术的广泛应用，将使得海量、复杂、多结构数据的即时获取、精确分析、深度挖掘成为现实，为图书馆等信息服务机构的服务手段、服务理念、服务思维、服务基础、服务载体、服务管理等带来支持与改变，也将为正在国内外图书馆界兴起的知识服务带来诸多服务增长点。但如同web2.0、云计算等技术一样，任何技术都是一把双刃剑，大数据在为图书馆带来全新的技术、方法、平台、理念来帮助和促使人们通过数据整合、数据分析数据挖掘来揭示出数据的内在价值，并且实现数据的价值增值的同时，也给图书馆带来了诸多的其他问题。

第六节　互联网背景下高校图书馆阅读推广

图书馆学界著名学者范并思认为，高校图书馆应该将阅读推广作为图书馆发展的核心领域。通过推动大学生阅读，培养大学生良好的阅读习惯，帮助大学生树立正确的世界观、价值观、人生观，帮助大学生建立健全人格和品质。在高校图书馆阅读推广中，如果能充分发挥利益相关者的作用，将会使整个阅读推广体系更健全、更丰富、更有效。

1963年，斯坦福大学对"利益相关者"做出了定义，认为："利益相关者是指若失去其支持则使得组织无法生存的团体。"随后，瑞安曼对"利益相关者"给出了较为全面的定义："利益相关者通过企业来实现其目标，同时也对企业实现目标产生影响。"目前，影响较大的是1984年美国学者弗里曼在其著作《战略管理：利益相关者管理的分析方法》中提出的利益相关者相关理论，他认为"所谓利益相关者，是指能够对组织目标的实现产生影响，或者受到组织目标影响的个人或者群体"。

一、高校图书馆用户分析

高校图书馆的利益相关者，是指那些对高校图书馆的发展产生影响的组织或个人。高校图书馆利益相关者由读者、图书馆员工、学校其他部门、其他图书馆、社会捐助方、媒体、其他相关机构等组成。这些利益相关者可以分为直接相关层、兄弟伙伴层、资助层、其他层。

直接相关层，包括与图书馆日常事务相关的读者、员工、资源商和管理部门。读者对图书馆的使用状况直接决定了图书馆的资源建设方向和发展目标。图书馆员工包括图书馆各个部门的工作人员，图书馆员工是图书馆建设和服务的主体。在大数据环境下，图书馆员工更应该具有连接信息资源的能力。资源商是指为图书馆提供纸质资源、电子资源等的出版社、杂志社、电子数据商等，这些资源商提供资源的种类和数量直接决定着读者能从图书馆获得知识和信息的广度和宽度。管理部门是高校中管理图书馆工作的部门，包括财务、基建等部门，这些部门直接决定着图书馆馆舍的位置、大小，图书馆每年购买资源的资金等。

兄弟伙伴层包括学校其他部门和其他图书馆等，学校其他部门是指与图书馆工作不直接相关的部门，这些部门虽然不直接决定图书馆的各项资源，但是可以与图书馆开展合作，如共同举办学生活动等，来提高图书馆的利用率。其他图书馆则指其他院校图书馆和公共图书馆等，通过与兄弟图书馆的合作，共享资源和服务，能够为图书馆的发展提供支持和帮助。

资助层是指为图书馆提供资助和捐助的集体或个人，资助方为图书馆提供资金或者实物捐助，有效地补充高校图书馆在财政方面的不足。

其他层则是指与图书馆工作相关的其他集体或个人，包括媒体等相关机构。

二、国内高校图书馆阅读推广活动

国内高校图书馆开展了各种各样的阅读推广活动，这些活动主要集中在图书馆主导的一些传统的服务项目上，包括讲座、阅读活动等。

（一）新书或好书推广赏析讲座

许多高校图书馆都开展了新书或好书推广、推荐和赏析的讲座，为读者提供新书资讯。有些高校图书馆会不定期开展相关讲座，邀请图书作者或专家为读者介绍好书。有些高校图书馆还会通过这种方式推荐一些好的影视作品。

（二）导读刊物

不少高校图书馆编制了导读刊物，通过刊物，图书馆工作人员与读者、读者与读者进行交流。刊物内容不仅仅局限于好书推荐、发表读后感，还可以分享经典小故事和原创文章等。

（三）特色阅读活动

高校图书馆根据自己学校和地域特色，开展特色阅读活动，如根据阅读内容定的"红色阅读"，集中推广爱国、爱党书籍；根据阅读对象定的"亲子阅读"，主要鼓励教职工与孩子共同阅读。

（四）阅读日或阅读月活动

高校图书馆在特定的时间开展阅读日或者阅读月的活动，如结合4月23日世界读书日，开展读书文化系列活动，引导图书馆读者以书为友，养成良好的自主读书习惯。

（五）结合网络技术的阅读推广活动

许多高校图书馆通过开设图书馆博客、微博等，在网上为图书馆用户推广图书阅读。此外，有些高校还开发了移动图书馆，为读者提供电子阅读服务。

三、高校图书馆阅读推广策略

目前，大数据环境下的高校图书馆阅读推广活动不应该仅仅限于图书馆主导。除了图书馆本身，其他的利益相关者包括资源商、兄弟部门等也都是阅读推广的受益者。因此，高校图书馆在开展阅读推广时，应该与利益相关者进行合作，或者直接由高校图书馆的利益相关者牵头开展一系列阅读推广活动。

（一）直接相关层的阅读推广活动

1. 读者开展的阅读推广活动

读者是高校图书馆开展阅读推广的实施对象，读者需要在所有阅读推广活动中承担受众的角色，除此之外，读者也可以发挥自身能动性，主动参与阅读推广的相关活动。读者可以在各类阅读推广活动中承担志愿者的角色，利用目前的大数据环境，在各个平台上积极参与阅读推广的活动。

2.图书馆员工开展的阅读推广活动

图书馆员工是高校阅读推广的主体，在保持现有的、常规的阅读推广活动外，高校图书馆员工应该加强交流和学习，开展更加丰富多彩的阅读推广活动。其主要措施可以分为硬件和软件两个方面：硬件方面，高校图书馆员工应该为图书馆用户提供良好的阅读环境，包括富有文化气息的桌椅书架、先进便捷的阅读设备等；软件方面，高校图书馆员工应广泛开展各种阅读推广活动，如针对特定的节假日开展主题阅读活动。

3.资源商开展的阅读推广活动

高校图书馆的资源商可以对图书馆阅读推广活动给予一定的资金支持，为活动提供奖品等。资源商也可以作为活动的主办者，开展一些阅读推广活动。例如，新华书店等纸质书商可以在校园里开展签售会、读后感征文比赛等，鼓励大学生阅读。

（二）兄弟伙伴层的阅读推广活动

1.高校其他部门开展的阅读推广活动

高校里的其他部门除了可以帮助图书馆协办阅读推广活动

外，还可以主办一些阅读推广活动。例如，院系可以举办某一学科的图书阅读月，在这一个月大力推荐该学科图书，帮助学生提高专业素养。

2. 其他图书馆开展的阅读推广活动

其他图书馆包括其他院校图书馆、公共图书馆、各种机构图书馆等，其他图书馆在高校开展阅读推广活动，可以提高该图书馆的图书利用率和该机构的知名度。

（三）资助层的阅读推广活动

资助层除了在图书馆开展阅读推广活动方面进行资助之外，还可以开展以资助方命名的阅读推广活动。例如，一些知名人士为高校师生免费发放传记，鼓励高校图书馆用户学习名人精神和力量，同时也可以提高资助方的知名度。

（四）其他层的阅读推广活动

其他层包括媒体、社区等各种与高校图书馆有关的群体，这些群体既是高校图书馆的利益相关者，又是高校图书馆阅读推广的参与者和受益者。媒体可以利用高校图书馆阅读推广活动开展宣传，也可以在高校图书馆用户中推广自己的媒体产品。社区可以与高校图书馆结合，倡导社区居民与高校师生一起共享阅读，也可以邀请高校图书馆员工、用户参与到社区图书馆建设和文化氛围塑造中，打造学习型、阅读型社区。

参考文献

［1］黄如花，司莉，吴丹.图书馆学研究进展［M］.武汉：武汉大学出版社，2017.

［2］范并思.图书馆资源公平利用［M］.北京：国家图书馆出版社，2011.

［3］沈学植.图书馆学 ABC［M］.北京：知识产权出版社，2017.

［4］刘芳.图书馆学会职能的拓展与延伸［M］.沈阳：辽宁科学技术出版社，2015.

［5］王惠君.基层图书馆公益讲座［M］.北京：国家图书馆出版社，2011.

［6］叶继元.图书馆学学术规范与方法论研究［M］.北京：科学技术出版社，2014.

［7］何秀荣.高校图书馆创新发展研究［M］.北京：中国农业大学出版社，2018.

［8］柯平.图书馆战略规划研究［M］.北京：社会科学文献出版社，2014.

［9］盛小平.图书馆职业发展与制度建设［M］.北京：科学出版社，2016.

［10］郑建明.数字图书馆建设体制与发展模式［M］.北京：科学出版社，2013.

［11］李健.高校图书馆服务标准体系研究［M］.北京：科学出版社，2017.

［12］张浩如.图书馆营销研究［M］.北京：国家图书馆出版社，2017.

［13］王波.图书馆学及其左邻右舍［M］.北京：海洋出版社，2014.

［14］朱明.图书馆管理制度与制度化管理［M］.北京：中国社会科学出版社，2018.

［15］龚娅君.数字图书馆新媒体服务研究［M］.北京：国家图书馆出版社，2016.

［16］杨新涯.图书馆服务共享［M］.北京：知识产权出版社，

2016.

[17] 程娟.图书馆核心竞争力研究[M].北京：国家图书馆出版社，2016.